# PIÉCES LIBRES DE Mr. FERRAND.

*Si tu veux, ſuivant ta chimére,*
*Regner ſur le ſacré valon,*
*Parmi les Galans de ta Mere,*
*Ferrand, dis-moi quel eſt ton Pere,*
*Et tu ſeras mon Apollon.*

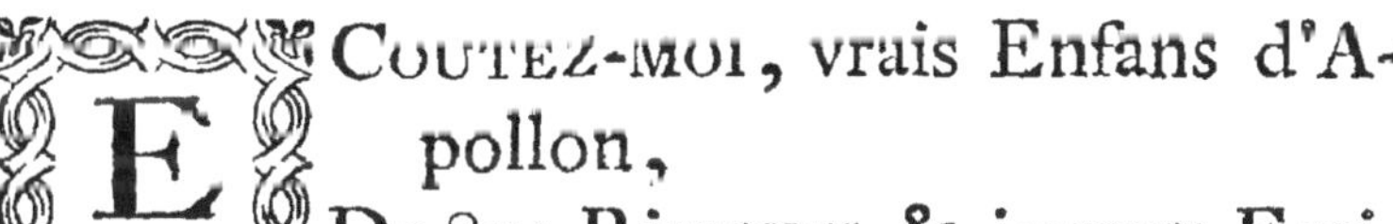

ECoutez-moi, vrais Enfans d'Apollon,
Doctes Rimeurs & joyeux Ecrivains,
J'ai vû Phœbus dans le ſacré valon,
Pas ne croyez que ce ſont contes vains.

Oüi, je l'ai vû : Nimphes & Dieux Silvains
Suivoient ſes pas, attentiſs à ſes ſons ;
Rien ne chantoit que badines Chanſons ;
Car Apollon quelquefois aime à rire.
Je l'écoutai, j'en retins les leçons,
Et d'après lui j'oſe ici les écrire.

Au lit de mort une vieille à confeſſe,
Qui cinquante ans ſous Venus travailla,
A Bourdalouë exageroit ſans ceſſe
Les doux plaiſirs dont amour la combla.
Oh ! ça, lui dit l'Enfant de Loïola,
Songez à Dieu : je le voudrois, dit-elle,
Mais j'ai toûjours un b... de v.. là,
Même en mourant, qui me .... la cervelle.

Deux Cordeliers, grands débrideurs de Nones,
A fraix communs deſſervoient un Couvent,
Et dirigeoient douze gaillardes Nones ;
C'en étoit ſix pour chaque deſſervant.
L'un trépaſſa dans de rudes épreuves.
Moi, j'ai bon dos, dit l'autre ſurvivant.
Morbleu, je veux épouſer les ſix veuves.

# PIÉCES LIBRES DE Mr. FERRAND, ET POËSIES DE QUELQUES AUTEURS

*SUR DIVERS SUJETS.*

A LONDRES.

M. DCC. XLVII.

Trois ſiécles différens ont produit à la fois
Martial, Horace & Pindare;
Quel ſiécle! ami, ſeroit plus rare
S'ils étoient raſſemblés tous trois.
Rouſſeau, nul autre, ce me ſemble,
Au nôtre ne peut être égal,
Puiſque dans toi ſeul il raſſemble
Pindare, Horace & Martial.

Le Tragicomique Danchet,
Dont le fiel contre moi s'allume,
S'exprime à peu près de ſa plume,
Comme un Savetier du tranchet.
L'un fait des ſouliers & des ....
Souliers qu'il vend cher aux badauts,
Et l'autre ne fait point de piéces
Que de piéces & de morceaux.

Un beau Chartreux, Moine Napolitain,
Fut pris ſondant ſon Prieur D. Jerôme.
On le conduit au Métropolitain,
Ça votre nom, dit l'Evêque? D. Côme:
Votre péché quel eſt-il? de Sodome:
Votre âge quel? il eſt de vingt-huit ans:
Moine de quand? dès mon plus jeune tems:

Dans le Couvent qu'êtes-vous ? Oecono-
me.
Ah ! dit alors l'Evêque entre ſes dents,
Bien payerois un pareil Major-dome.

Pere Macaire en un coin inſtruiſoit,
En l'embraſſant, fille ſimple & gentille ;
Mais cependant qu'il la catéchiſoit,
Ce que ſavez croiſſoit ſous ſa mandille :
Que ſens-je là, Pere, lui dit la fille ?
Après avoir ſon *Pater* achevé ;
Je ne ſais quoi là-deſſous s'eſt levé
Qui me repouſſe. Ah ! dit Pere Macaire,
Serrez-le bien, & dites votre *Ave*,
De ſaint François c'eſt le grand reliquaire.

Nonain Ferluë & Frere Roidinet
S'eſcarmouchoient de la belle maniére ;
Comme un verrat le bon Frere écumoit,
La bonne Sœur s'eſcrimoit du derriére ;
Mais quand venoit à l'extaſe derniére,
Comme un Payen le frappart blaſphêmoit.
Ah ! quel péché, dit lors la mijaurée,
Tels juremens vous damneront. Helas !
Dieu permet bien que prenions nos ébats ;

Mais pour guérir mon ame timorée,
Frere très-cher, helas! ne jurez pas.

Un maltôtier gourmandoit des manœuvres,
Qu'il avoit fait travailler à ſon fief,
Pour élever poteaux & hautes œuvres,
Croyant par-là ſe donner du relief.
Par ſaint Matthieu, pareille maſſepierre,
S'écria-t'il, ne durera vingt ans.
Ah! Monſeigneur, lui repart Maître Pierre,
C'en ſera là pour vous & vos enfans.

Dans un feſtin donné par la jeuneſſe
Aux deux Amans que Vulcain ſurpris nuds,
Pour ſervir Mars, pour ſervir ſa Maîtreſſe,
Amours badins furent tous retenus;
Si devoient-ils, par Hébé ſoutenus,
Ne célébrer que la fille de l'Onde;
Mais les fripons laiſſant Dame Venus
Chanterent ... qui? chanterent Rupelmonde.

Quand Apollon, avec le Dieu de l'Onde,
Vint autrefois habiter ces bas lieux,

L'un ſut ſi bien cacher ſa treſſe blonde ;
L'autre ſes traits , qu'on méconnut les Dieux.
Mais c'eſt en vain qu'abandonnant les Cieux,
Venus , comme eux , veut ſe cacher aux Cieux,
On la connoît au pouvoir de ſes yeux,
Lorſque l'on voit paroître Rupelmonde.

Un Mathurin, rédempteur aſſidu,
Pour convertir un Turc , lui diſoit comme
Adam mangeant de ce fruit défendu,
Nous damna tous ; que Dieu s'étant fait homme
Pour nous ſauver, fut en Croix ſuſpendu.
Donc, dit le Turc, ſi j'ai bien entendu,
Votre Dieu fut pendu pour une pomme.

Avec un bon . . . long d'une aune,
Et dont la mine ragoûtoit
Le Capucin Blaiſe . . . . .
Une vénérable Matrone ;
Mais par reſpect notre vieux Faune
N'oſoit lui mettre juſqu'au bout.

Par la morbleu mettez-le tout,
Dit-elle au pudibon Priape,
Un bon ... d'âne quand il ....
Fait plus d'honneur qu'un ... de Pape.

Anne, dit-on, médit de moi,
Et me ſouhaite en un huitain,
Tous les maux qu'elle craint pour ſoi,
Et qu'elle aura pour le certain.
Mais Anne me maudit en vain,
De ce ne ſuis épouvanté;
Malédictions de p .....
Sont oraiſons pour la ſanté.

Après confeſſe à travers un Parloir
La Sœur Colette entretenoit Pere Ange;
Eſt-ce un péché, dit-elle au Frere noir,
De ſe grater quand le nombril démange?
Oüi, c'eſt péché, ne fut-ce qu'un moment;
Nos corps ne ſont que boüe & que ſoüillures,
Et quel qu'en ſoit le déſir véhément,
Ne faut ſur ſoi porter ſes mains impures.
Lors ſe levant & trouſſant ſes habits,
Gratez-moi donc, dit Colette au Pere Ange,

Vous, Pere en Dieu, dont les doigts ſont
benis;
Mais gratez fort, car bien fort me démange.

Aſtrée un jour s'enquit du Médecin,
Quel tems étoit à l'amour plus propice?
L'ébat, dit-il, au matin eſt plus ſain,
Mais vers le ſoir il a plus de délices.
Oracle sûr! ſavante Faculté!
Bien répondu! Depuis ce tems Aſtrée
Chaque matin le fait pour la ſanté,
Pour le plaiſir le fait chaque ſoirée.

Lorſque les deux Anges blondins
Aux Sodomites apparurent,
Deux des plus nobles Citadins
En rut auſſi-tôt accoururent.
Les Anges eurent beau voler,
Les b...... pour les enculer
A leurs dos ſi fort ſe lierent,
Qu'emportés là-haut tout brandis,
En déchargeant ils s'écrierent,
Ah! nous ſommes en Paradis.

Thamire au gré de mes désirs,
J'ai crû vous voir abandonnée,
J'ai crû m'enyvrer des plaisirs
De la nuit qui suit l'himenée;
Mais à mon réveil j'ai connu
Que je m'étois entretenu
D'illusions & de mensonges.
Que j'aurai de félicité!
S'il est vrai ce qu'on dit des songes,
Qu'ils promettent des vérités.

Le Frere Luc ayant mis bas bissac,
Froc & manteau pour la Dame de Bec,
Bien l'exploitoit au fond d'un cul de sac,
Main sur tetin, œil contre œil, langue en bec.
Puis tout à coup Luc d'un goût un peu grec,
La vire droit, fiche où savez son pic.
Pour l'en ôter sifflant comme un aspic,
La Dame alloit & de taille & d'estoc,
Se remuant. Sacré froc d'Habacuc!
Trop bien allez, lui dit le porte-froc,
Mieux qu'un Prélat vous traitez Frere Luc.

Il n'en eſt plus, Thamire, de ces cœurs
Tendres, conſtans, incapables de feindre,
Qui d'une ingrate épuiſant les rigueurs,
Vivoient contens & mouroient ſans ſe
plaindre.
Les feux d'amour alors étoient à craindre;
Mais aujourd'hui les feux les plus conſ-
tans
Sont ceux qu'un jour voit naître & voit
éteindre:
Helas ! pourquoi ſuis-je encor du vieux
tems!

Blaiſe conſultant ſes amis
Sur une affaire d'importance,
Leur diſoit : vous m'avez promis
Dans mes beſoins votre aſſiſtance.
Jean, l'un d'eux, lui dit auſſi-tôt:
Qu'eſt-ce donc, Blaiſe, qu'il vous faut?
Quel trouble agite ainſi votre ame?
Eſt-ce du bien qu'on vous ravit?
Blaiſe répond : j'ai mal au v..
Dois-je à préſent baiſer ma femme?
Male peſte, que dites-vous,
Dit Jean? c'eſt pour nous perdre tous.

Vous buvez d'un vin, moi d'un autre,
Et mon plat n'eſt jamais le vôtre,
Quand vous me donnez un repas.
Ce procédé me ſemble étrange:
Faut-il quand avec vous je mange,
Qu'avec vous je ne mange pas?

Pour une mauvaiſe Chanſon,
Paul s'imagine être un Virgile;
Ainſi qu'il ſe croit un Achille,
Pour une bleſſure au talon.

Au rendez-vous, dès le matin donné,
Vint une Belle, yvre d'un vin nocturne,
Dont le Galant ſe trouvant étonné,
A la tanſer point ne fut taciturne.
Morbleu! dit-il, chauſſant ſon grand cothurne,
Ce n'eſt aimer que s'enyvrer ainſi.
Ce trait eſt noir: oh! oh! nous y voici,
Reprit la Dame. Eh! par le grand ſaint Jâques,
Vous ſemble-t'il que nous ſoyons ici
Venus tous deux pour y faire nos Pâques?

Belle juppe, beaux cotillons
On remarque aux filles de joie;
Tout le reſte eſt en guenillons,
Gands, manchons, ſouliers, petite oie.
Alix dit, que c'eſt la raiſon
Que ſon devant ſoit le plus leſte,
Puiſqu'il eſt maître en la maiſon,
Et qu'il fait aller tout le reſte.

## L'INTERROGATOIRE.

UN vieux Juge informant d'un viol fait ſur les lieux,
Interrogeoit ſur ce fillette à porte cloſe,
Sotte, il eſt vrai, d'eſprit, mais fraîche comme roſe.
C'étoit morceau friand; auſſi déja des yeux
Le Ribaud la convoite, & pour l'abuſer mieux,
Tout ce qu'à l'accuſé la Belle avoit vû faire,
Le paillard le faiſoit, careſſoit la commere,
Prenoit ſes blancs tetins, levoit ſon tablier:
Ça, dit-il, entre nous, fit-il pas autre choſe?

Eh! oüi, dit-elle, il mit .... mettons donc, & pour cauſe;
Un Juge, comme moi, ne doit rien oublier.
Jean, qui devoit après dépoſer ſur l'affaire,
Par la porte de l'huis aviſa le miſtére,
Et lors pour déloger ne ſe fit pas prier.
Tous les autres témoins avoient beau lui crier,
Eh! pour Dieu, Jean reviens. A d'autres, dit-il; Diantre,
J'ai vû ce que j'ai vû, grand merci de vos ſoins;
Le Diable m'emporte ſi j'entre,
On y ch.... les témoins.

## AUTRE.

JAdis logeoit près d'un Couvent femelle
Certain quidam friand d'un tel gibier.
Or, là dedans chaque nuit ſans chandelle
Par l'huis ſecret entroit maint Cordelier.
Si faut-il bien, dit-il, de cette porte
Uſer auſſi: Pour ce mit une nuit
L'habit clauſtral, & parmi la cohorte

Dessous le froc fut d'abord introduit.
Or, il n'entroit qu'autant de béats Peres
Qu'elles étoient de révérendes Meres.
Fixe en étoit le nombre au rendez-vous.
Chacun trouvoit toûjours même monture;
Et là par rangs ils se pourvoyoient tous.
Avint qu'enfin Frere Bonaventure,
Ne trouva point gîte : Oüais, qu'est-ceci?
S'écria-t'il; puis le long de la Sale, &c.

## LA PRÉSOMPTION HUMILIÉE.

### *CONTE.*

CErtain Autel de royale fabrique
A pour tableau l'Annonciation.
Voyant la Vierge un Vieillard Séraphique
Du feu charnel sentit l'émotion.
Si forte en lui fut la tentation,
Qu'avec scandale il quitta le mistére.
Fi, quelle horreur! dit un Jésuite austére;
Onc pour tableau tel penser dissolu
Ne m'aviendra : qu'on allume le cierge,
Vierge, ne crains. Le béat résolu,
Sans rien sentir, considére la Vierge;
Mais il vit l'Ange, & le voilà pollu.

## CONTE.

En l'âge d'or que l'on nous vante tant,
Où l'on aimoit ſans loix & ſans contrainte,
On croit qu'Amour eût un regne éclatant.
C'eſt une erreur ; il fut ſi peu content,
Qu'à Jupiter il porta cette plainte.
J'ai des ſujets, mais ils ſont trop ſoumis ;
Dit-il ; je regne & je n'ai point de gloire ;
J'aimerois mieux domter des ennemis :
Je ne veux plus d'empire ſans victoire.
A ce diſcours Jupin réve & produit
L'auſtére honneur, l'épouvantail des Belles,
Rival d'Amour & Chef de ces rebelles,
Qui font beaucoup avec fort peu de bruit.
L'Enfant mutin le conſidére en face,
De près, de loin, & puis faiſant un ſaut,
Pere des Dieux, dit-il, je te rends graces,
Tu m'as fait là l'ennemi qu'il me faut.

# ÉPIGRAMMES.

BRûlé du feu de la concupiſcence,
Frere Thibaud courut à ſon Gardien:
Jeûnez, mon fils, lui dit la Révérence.
Thibaud jeûna; le jeûne ne fit rien.
Lors derechef Thibaud ſe plaint: eh bien!
Joignez au jeûne & diſcipline & haire,
Dit le Vieillard; mais las le pauvre hére
Sentit ſa chair encore plus régimber.
Vertu du froc! ſuccombez-y donc, Frere,
Tant que d'un an n'y puiſſiez retomber.

Robin cherchant avanture charnelle,
Preſſoit au Bal Tendron de quatorze ans,
Qui ſous l'habit de gente Demoiſelle,
Lui dit, calmez ces déſirs violens,
Point ne ferez ici d'exploits galans,
Mâle je ſuis. Robin ne ſe dérange,
Et s'écria les yeux étincelans,
Ainſi ſoit-il! parbleu, je gagne au change.

Pour

Pour quelque tems Apollon voudrois
être ;
Non pour désir d'éclairer l'univers,
Non pour tirer fléches, ni pour connoître
Simples cachés & leurs effets divers ;
Non que je veüille, ô puissant Dieu des
Vers !
Régler les rangs qu'à ton gré tu décernes ;
Mais nettéyant le Pinde & ses cavernes,
Je ne voudrois qu'en chasser un monceau,
Un vil essain de Poëtes modernes,
Pour n'y laisser que la Mothe & Rousseau.

Un jour auprès d'un aveugle en priére,
Au coin d'un bois Jean du malin pressé,
Mit bas Alix, gentille chambriére,
Et l'exploita dans le fond d'un fossé.
L'aveugle écoute, & d'un ton plus baissé
Va marmotant l'*Ave* de notre Dame.
Ah ! je me meurs, dit Alix, qui se pâme,
Moi, reprit Jean, suis déja trépassé,
L'aveugle dit, Dieu veüille avoir votre ame,
Et *Requiescant in pace.*

Pour confeſſer femelle de vingt ans
Par un matin arriva Pere Antoine;
Près de ſon lit d'abord s'aſſit le Moine;
Mais tôt après le ribaud fut dedans.
Frere Lubin, avec des yeux ardens,
Voyoit le tout de loin par la fenêtre;
Helas! dit lors Lubin entre ſes dents,
N'aurai-je point le bonheur d'être Prêtre?

# LE LUXURIEUX,

## *COMÉDIE* EN UN ACTE,

*Par LE GRAND.*

---

### SCÉNE PREMIÉRE.

VALERE, ISABELLE.

ISABELLE.

VOus verrai-je toûjours plongé dans la luxure?

VALERE.

Que voulez-vous, ma sœur ; je céde à la nature.

Vous le ſavez, chacun a divers appétits ;
Vous êtes pour les grands, je ſuis pour les petits ....
J'entends les grands repas.

ISABELLE.

Que voulez-vous entendre ?
Mon frere, en vérité, je ne ſaurois comprendre.

VALERE.

Vous ne ſauriez comprendre ? avez-vous point dequoi ?
J'entends un grand eſprit.

ISABELLE.

Vous vous moquez de moi.

VALERE.

Si vous ne comprenez....

ISABELLE.

Quels diſcours ſont les vôtres?

VALERE.

Vous les pourriez du moins faire comprendre à d'autres.

ISABELLE.

Contre les voluptés j'ai toûjours combattu,
Et ſi quelques déſirs attaquent ma vertu,

C'eſt en dormant : jamais je n'en ſuis conſentante.

VALERE.

Votre pollution eſt toûjours innocente ;
Je vous entends.

ISABELLE.

Mais vous, toûjours luxurieux,
On vous voit nuit & jour hanter les mauvais lieux.
Les femmes de ce tems épuiſent bien les bourſes.

VALERE.

Dans les miennes, ma ſœur, j'ai de grandes reſſources :
Sans m'épuiſer, j'en puis tirer ce que je veux.

ISABELLE.

Mon frere, en vérité, vous êtes bien heureux ;
Celles que vous payez ſont encor plus heureuſes.

VALERE.

Je ſai les rendre auſſi, ma ſœur, bien amoureuſes.

ISABELLE.

Mais c'est de votre argent.

VALERE.

Ah ! ne le croyez pas ;
Elles trouvent en moi, ma sœur, d'autres appas.

ISABELLE.

Quoi, vous me soutiendrez que cette chaircutiére
N'est pas intéressée ?

VALERE.

Ah ! ma sœur, au contraire,
Elle a le cœur si bon, qu'en mille occasions
Pour avoir une andoüille, elle offre deux jambons.

ISABELLE.

Je devine à peu près ce que vous voulez dire,
Et la similitude a dequoi faire rire.

VALERE.

Où donc est le plaisant en ce que l'on vous dit ?

ISABELLE.

Vous enveloppez tout avecque tant d'esprit....

Deux jambons, une andoüille : allons, passons, mon frere,
Cette explication n'est pas fort nécessaire,
Et malgré ma pudeur.... mais voici Paillardet.

## SCÉNE II.

### VALERE, ISABELLE, PAILLARDET.

VALERE.

EH bien, as-tu rendu ce matin mon billet?

PAILLARDET.

Oüi, Monsieur, cette nuit vous pourrez voir Julie,
Madame Pommelée en vos mains la confie.

VALERE.

As-tu vû la Fillon? Me sera-t'elle voir
La Brune en question?

PAILLARDET.

Oüi, vous l'aurez ce soir:
Et j'ai vû tout d'un tems Madame Mothe verte;

Elle a, m'a-t'elle dit, fait une découverte
D'un Tendron de quinze ans ; ce ſera pour midi :
Voilà, graces à mes ſoins, ce jour-ci bien rempli.

VALERE.

Songez donc à demain.

ISABELLE.

En vérité, mon frere,
Vous vous allez tuer. Je vous le rëitére,
Si j'en faiſois autant, je ſerois ſur les dents.

VALERE.

Vous le croyez, ma ſœur, allez ce paſſe-tems
Conſerve la ſanté. Regardez vos voiſines,
Madame Gobe-dru, Madame Gripe-pines,
La Comteſſe d'Aſſaut, la Marquiſe Cognard ;
Ce jeu que vous blâmez les rend graſſes à lard.

ISABELLE.

Je ne le blâme point, mais je ſuis aſſez ſage
Pour ne le point goûter que dans le mariage.

VALERE.

Eh bien, mariez-vous, j'en demeure d'accord,
De vous en empêcher j'aurois certes grand tort.
Quel Mari prendrez-vous? Eſt-ce le Capitaine?

ISABELLE.

Nous nous ſommes broüillés depuis une ſemaine.

VALERE.

Pourquoi donc?

ISABELLE.

Il m'a fait le plus infame tour
Qu'on puiſſe jamais faire. Il paſſoit l'autre jour,
Avec ſa Compagnie, au bas de ma fenêtre;
C'étoit le jour de l'an : Dès qu'il me vit paroître,
Il préſente ſa pique, il en fait mille tours,
Me ſaluant au ſon des fifres & tambours.
De cette honnêteté j'étois aſſez contente;
Mais à peine fut-il à la porte d'Orante,
Qu'il aime depuis peu, qu'avec un grand fracas

Il fait en même tems tirer tous ſes ſoldats :
Ah ! j'en ſuis enragée.

VALERE.

He quoi ! cela vous pique ?

ISABELLE.

Comment donc ? devant moi venir branler
la pique,
Pour aller décharger ailleurs ?

VALERE.

Le trait eſt noir.

ISABELLE.

Non, mon frere, jamais je ne veux le revoir :
Ce ſont de ces affronts que jamais on n'ef-
face.

VALERE.

Ainſi donc vous prendrez l'Avocat en ſa
place ;
Mais c'eſt un ignorant ?

ISABELLE.

Pas tant que l'on croit.
Il s'offre nuit & jour à me montrer le Droit ;
Il débute par là.

VALERE.

Pourvû qu'il continuë,

Vous ſerez avec lui paſſablement pourvûë.
Vous concevrez bientôt.

ISABELLE.

Oüi, j'ai l'eſprit ouvert,
Et de ce que j'y mets jamais rien ne ſe perd.

VALERE.

Allez donc au plûtôt, finiſſez cette affaire.
Adieu, ma chere ſœur.

ISABELLE.

Juſqu'au revoir, mon frere.

## SCÉNE III.

VALERE, PAILLARDET.

VALERE.

ENfin, nous ſommes ſeuls, il faut te découvrir
Un deſſein que j'ai fait pour me bien réjoüir.
J'aime, depuis huit jours, une jeune innocente
Que tu ne connois point : Elle eſt toute charmante ;

Mais je n'en puis venir à bout ſans l'épouſer :
Il faut, cher Paillardet, m'aider à l'abuſer.
J'ai dit que ſon Tuteur étoit homme intraitable,
Qu'il ne ſouffriroit pas une union ſemblable ;
Mais que pour le tromper j'avois un Aumônier,
Qui, tous deux en ſecret, pourroit nous marier.
Elle en eſt conſentante ; il faut, je t'en conjure,
Que de cet Aumônier tu prenne la figure,
Et tu nous marieras.

PAILLARDET.

Oüi dà, je le veux bien :
Le tour ſera bouffon.

VALERE.

Pour qu'il n'y manque rien,
Il faudra deux témoins, à ce que j'imagine.

PAILLARDET.

Eh bien, prenons Courtaut avecque la Babine,
Ils ſont de nos amis ; & leur plus grand déſir

Eſt dans l'occaſion de nous faire plaiſir.

VALERE.

Mais il nous faut quelqu'un pour faire le Notaire.

PAILLARDET.

Oh! quant à celui-là, Monſieur, j'ai votre affaire.
Pouſſe, mon camarade, il fut Clerc ci-devant;
Pour dreſſer un contract il eſt aſſez ſavant;
Mais quand vous ſerez las de tout ce badinage.....

VALERE.

Tu prendras cette fille après en mariage.

PAILLARDET.

Moi, Monſieur?

VALERE.

Pourquoi non? va tu ſeras content.

PAILLARDET.

Mais, dites-moi, Monſieur, a-t'elle du comptant?

VALERE.

Je crois ſon fond petit.

PAILLARDET.

Moi, j'ai fort peu d'avance.

Je ne veux pas, Monſieur, vivre dans l'indigence.

VALERE.

Elle a cinq cens écus.

PAILLARDET.

Je n'en ai guéres plus:
Voyez quand nous aurions enſemble mille écus,
Que Diable ferions-nous ?

VALERE.

Ne te mets point en peine,
Laiſſe-moi ſeulement prendre mon droit d'aubeine,
Tu ſeras ſatisfait. Va donc chez un fripier
Loüer tout au plûtôt un habit d'Aumônier.
Moi je prends le moment que ma ſœur eſt abſente,
Pour aller là dedans ſonder notre ſervante:
Elle eſt farouche un peu ; mais je crois après tout,
Qu'avec quelques efforts, j'en viendrai bien à bout;
Sinon j'irai chercher quelque Dondon jolie
Pour pelotter toûjours en attendant partie.

## SCÉNE IV.

PAILLARDET *seul.*

IL ira pelotter ! je devine bien où.
Ah ! qu'il sait bien la paume ! il tire droit au trou ;
Quelquefois au dernier il fait prendre sa bisque,
Saisit la bale au bond, sans courir aucun risque.
Il force rudement, il a de si grands coups,
Que qui jouë avec lui toûjours a le dessous.
Mais que vois-je ! Quelle est cette Beauté charmante?
Je ne la connois point, seroit-ce l'innocente?

## SCÉNE V.

AGNES, BIBI, PAILLARDET.

AGNES.

MOnsieur Valere.

PAILLARDET.

Il ſort dans ce même moment.
Je ne me trompe point, c'eſt elle aſsûrément.

AGNES.

Reviendra-t'il bientôt ?

PAILLARDET.

Il ne tardera guéres.
Avez-vous avec lui quelque importante affaire ?

AGNES.

Oüi, Monſieur, mais pourquoi me regardez-vous tant ?

PAILLARDET.

Je croyois vous connoître.

AGNES.

Il ſe pourroit : pourtant
Cela me ſurprendroit, je ſuis ſi peu connuë,
Je ne fais que ſortir du Couvent.

PAILLARDET.

L'ingénuë !

AGNES.

J'étois venuë ici pour me faire épouſer.

PAILLARDET.

Eh bien pour cet effet daignez vous repoſer.
Je vais chercher Valere.

SCÉNE

## SCÉNE VI.

AGNES, BIBI.

AGNES.

AH! ma chere coufine.

BIBI.

Eh! comment donc? toûjours je te verrai chagrine?
Pourquoi tant de foupirs?

AGNES.

Mon mal n'eft point petit;
Si tu favois quel fonge a troublé mon efprit,
Tu ferois effrayée autant que moi, je gage.

BIBI.

A raconter fes maux fouvent on les foulage.

AGNES.

Mon fonge eft bien étrange, & je ne penfe pas
M'être jamais trouvée en un tel embaras.
Je l'ai vû cette nuit, cet amoureux Valere,
Un poignard à la main & tout prêt à me faire
Quelque fanglant outrage: il n'étoit point vêtu

De ſes habits dorés; il m'a paru tout nud.
J'ai pâli, j'ai rougi de honte, à cette vûë
Je me ſuis écriée, helas! je ſuis... perduë.
Mais lui ſans s'étonner, il faut paſſer le pas,
M'a-t'il dit. Ah! Valere, aimez-vous les combats?
Ai-je dit, c'eſt ailleurs que vous devez combattre,
Car tout du premier coup vous me pourriez abattre.
Enfin, pouſſant ſa pointe & ſuivant ſon tranſport,
Il m'a priſe à la gorge, & du premier effort
Il m'a miſe par terre, & m'ayant renverſée
Du poignard qu'il avoit m'a coup ſur coup percée.
Tout ce que je ſentois m'empêchoit de parler;
A peine mes ſoupirs ſe pouvoient exhaler:
Pourtant à mon ſecours j'ai reclamé mon pere;
Helas! dans ce moment il poignardoit ma mere,
Il ne m'écoutoit pas. Pourſuis donc, inhumain,

Puiſqu'on te laiſſe faire, acheve ton deſſein,
Ai-je dit au cruel, égorge la victime.
Enfin, juſques au bout ayant pouſſé ſon crime,
Sans vie il m'a laiſſée après ce long combat,
Et je me ſuis trouvée en un pitieux état.
Je me ſuis éveillée, accuſant la nature,
De m'avoir abuſée avec cette impoſture:
Je ne ſai ni comment, ni quand s'eſt fait cela,
Mais je ſai que j'étois en eau ſortant de là.
Voilà quel eſt mon ſonge, explique-le, couſine.

BIBI.

He, mais... pour le poignard aiſément je devine,
C'eſt victoire, dit-on, l'homme nud c'eſt déſir,
Et la fille percée, on dit que c'eſt plaiſir.
Voilà ce que j'en ſai.

AGNES.

Eh! dis-moi, je t'en prie,
As-tu fait quelque ſonge auſſi pendant ta vie?

BIBI.

Si ma mémoire peut me les rendre préſens,
Je vais t'en conter un des plus extravagans.

Il n'eſt choſe d'abord dans toute la nature,
Dont tour à tour je n'aie en dormant la figure.
Je me vois chaque nuit dans un Pays nouveau ;
Je me trouve ſerpent, arbre, poiſſon, oiſeau.
Si je me vois jument, un maquignon me domte,
Un palfrenier me ſangle, un cavalier me monte.
Je deviens quelquefois matelas & coutil,
Pierre où le remouleur afile ſon outil.
Aiguille, l'on m'enfile, & ſon, l'on me reſſaſſe.
Noix muſcade, on me racle, & poivre, on me concaſſe.
Air à boire, air de Cour, air de Pont-neuf, flon, flon :
Je m'accorde toûjours au ſon du violon.
Gaillarde, Traquenard, branle, loure, chaconne :
Celui-ci me ſolfie & cet autre m'entonne.
Enfin, air d'Italie, ou ſonnate, ou motet ;
M'ayant bien frédonnée, on tourne le feüillet.

AGNES.

Tu souffres donc beaucoup ! je te plains, ma cousine.

BIBI.

Oüi, je souffre au-dessus de ce qu'on s'imagine.

AGNES.

Mais que dis-tu, cousine, aux auteurs de tes maux?
Ne les traite-tu pas d'inhumains, de bourreaux?
Comment les nomme-tu souffrant un tel martire ?

BIBI.

Ah ! mille fois j'en souffre & souffre sans rien dire.
Mais quelqu'un vient ici, cousine, taisons-nous.

AGNES.

C'est Valere lui-même.

## SCÈNE VII.

VALERE, AGNES, BIBI, PAILLARDET, *déguiſé en Aumônier*, POUSSE, *déguiſé en Notaire*, COURTAUT, LA BABINE, *témoins.*

VALERE.

AH! ma Belle, c'eſt vous,
Je conduis avec moi l'Aumônier, le Notaire,
Et les témoins qu'il faut pour finir notre affaire.

POUSSE *en Notaire.*

De vos conventions ſuffiſanment inſtruit,
J'ai rédigé le tout dans la forme qui ſuit:
Voici votre contrat que j'ai fait en deux lignes.
Fut préſent devant nous Meſſire Jean de Vignes,
Chevalier de Valere & Seigneur des Conneaux,
Des Blondins, des Griſons, Rouſſillons, Mauricaux,

*Et cætera*, Baron, Seigneur de la Magnotte,
Comte de S. Vitaux, au pays de la Motte,
Marquis de Braquemart, Grand-Prieur des Nonains,
Grand-Vidame Danconne & lieux circonvoisins,
Et Damoiſelle Agnes Gribiche Coriboindre,
Leſquels charnellement déſirant ſe conjoindre,
Par le préſent contrat renonçant, approuvant,
Sont demeurés d'accord des articles ſuivans:
*Primò*, ladite Agnes apporte en mariage
Un champ clos, dont la terre eſt propre au labourage;
Un pré prêt à faucher & deux petits moulins,
L'un à eau, l'autre à vent, & tous deux fort voiſins,
Séparés par un pont de ſtructure bizarre,
Où, quoiqu'étroit, ſouvent le voyageur s'égare;
Un bâtiment moderne & percé comme il faut,

Bien conditionné du bas jusques en haut:
Pour meubles un chambranle, & des plus beaux qu'on fasse:
*Item*, le tour de lit avec la bonne-grace,
Travaillés à l'aiguille, entourés d'un molet:
*Item*, plusieurs habits, deux tout neufs, un qu'on fait;
Le tout entretenu dans l'état qu'il doit être,
Et que ledit Valère a déclaré connoître,
Pour avoir plusieurs fois visité le terrain,
Et touché le susdit contenu de sa main,
Reconnoissant qu'il est tel que l'on lui détaille,
Voulant qu'avec vigueur le présent contrat vaille,
Assisté du bon droit, ainsi que de raison.
Passé par devant Pousse & Dru son compagnon.
Il s'agit de signer maintenant.

VALERE *signe.*

Je commence.
Allons, Agnes, à vous.

AGNES *prenant la plume.*

Je tremble par avance;
Où mettrai-je mon nom?

POUSSE *en Notaire.*

Cela dépend de vous,
Mais la femme toûjours ſe doit mettre deſſous,
Et les témoins au bas... Courtaut & la Babine,
Serrez-vous, s'il vous plaît, place pour la couſine:
Voilà le contrat fait; la célébration
Doit ſuivre, & tout d'un tems la conſommation.
Ça, Monſieur l'Aumônier, conjoignez les parties.

PAILLARDET *en Aumônier.*

Je ne chercherai point tant de cérémonies,
Ce ſont formalités que l'on obſerve après.
Valere, voulez-vous pour votre épouſe Agnes?

VALERE.

Oüi, Monſieur.

PAILLARDET *en Aumônier.*

Vous, Agnes, pour votre époux Valere?

AGNES.

Oüi, Monſieur.

PAILLARDET *en Aumônier.*

C'eſt aſſez, voilà tout le miſtére :
Touchez-vous dans la main, mettez au doigt l'anneau,
Allez coucher enſemble, *ego vos conjungo.*

AGNES.

Juſqu'au revoir, couſine.

BIBI.

Adieu, ma chere amie,
Porte-toi bien, le Ciel te donne longue vie.

VALERE.

Je vois ma ſœur, paſſons dans ce grand cabinet ;
Elle eſt un peu fâchée, & j'en ſai le ſujet,
Mais je l'appaiſerai.

---

## SCÉNE VIII.

ISABELLE, BARBE.

ISABELLE *en colére.*

ALlons, Barbe, ſortez, retournez au village ;
Comment ſur mon ſopha de velours cramoiſi

Tantôt avec mon frere !

BARBE.

Helas ! il l'a choisi ;
Car je m'étois d'abord mise sur une chaise.
Barbe, ce m'a-t'il dit, bouttons-nous à notre aise.
Ah ! Monsieur, ç'ai-je dit, non je n'en ferai rien ;
Ici je suis fort bien : n'est-on pas toûjours bien
Par tout où qu'on se trouve ? Après bien des priéres,
Et m'avoir prise enfin de toutes les maniéres,
Et Barbe par ici & puis Barbe par là,
Il m'a tout droit poussée au milieu du sopha ;
Il a fallu s'y bouttre.

ISABELLE.

Ah ! que de verbiage :
Je vous donne congé sans tarder davantage.
Que tout dans cet instant d'ici soit délogé.

BARBE.

Après tant de service ! ah ! bon Dieu, quel congé !

## SCÉNE IX.

### ISABELLE, BRANLARD.

BRANLARD.

QU'eſt-ce donc que ceci ? Qu'avez-
vous, mon aimable ?

ISABELLE.

Je ne veux plus de Barbe, elle eſt inſupor-
table.

BRANLARD.

Plus de Barbe ! comment pouvoir vous en
paſſer ?

ISABELLE.

Elle m'échauffe plus qu'on ne ſauroit penſer.
Il faut toûjours qu'on crie ou qu'on ſuë
avec elle.

BRANLARD.

Quoi ! l'auriez-vous ſurpriſe à n'être pas
fidéle !

ISABELLE.

Puiſqu'il faut m'expliquer ; mon frere eſt
ſon amant,

Et je les ai ſurpris enſemble en ce moment.

BRANLARD.

Quoi ! c'eſt là le ſujet qui vous met en colére ?
C'eſt une bagatelle, allez laiſſez-la faire.

ISABELLE.

Mon frere a peu d'honneur.

BRANLARD.

Eh bien, c'eſt pour cela
Qu'il en cherche par-tout.

ISABELLE.

Fort bien, il eſt bon là.

BRANLARD.

Allons, pour cette fois il faut lui faire grace.

ISABELLE.

Mais vous qui me parlez, mettez-vous en ma place ;
Que diriez-vous, trouvant une fille chez vous,
Sur un ſopha pâmée, un homme à ſes genoux,
Promenant ſes regards deſſus ſa gorge nuë ?

BRANLARD.

Entre nous je dirois que la fille eſt... perduë.

ISABELLE.

Oüi, mais que feriez-vous en les voyant tous deux?

BRANLARD.

Ma foi je banderois tout auſſi-tôt mes yeux.

ISABELLE.

Mais vous déchargeriez du moins votre colére
Sur la fille....

BRANLARD.

Ah! c'eſt là ce que je voudrois faire:
Deux ou trois coups de verge, afin de lui montrer...

ISABELLE.

C'eſt bien dit, ſur ce pied elle pourra rentrer;
Mais parlons d'autre choſe: à quand notre himenée?

BRANLARD.

Ah! Madame, il en faut reculer la journée;
Je ſuis un malheureux qui ne mérite pas
De poſſéder ſi-tôt de ſi charmans appas,
Et ſuis dans un état...

ISABELLE.

Achevez, je vous prie;

Auriez-vous attrapé quelque galanterie ?

BRANLARD.

Helas ! vous l'avez dit, j'en ſuis au déſeſpoir.
Me croyant pour jamais privé de vous revoir,
Un Capitaine ayant le bonheur de vous plaire,
J'ai voulu me guérir d'un amour téméraire ;
Ah ! quelle guériſon ! Je m'en ſens en ce jour,
Tourmenté par un mal plus cuiſant que l'amour.

ISABELLE.

Eh ! qui vous a guéri de cette étrange ſorte ?

BRANLARD.

Une jeune beauté, que le grand Diable emporte,
Et que la peſte créve : helas ! la careſſant ;
Innocence, pudeur, eſprit doux, complaiſant,
Je trouvois tout en elle. Ah ! la double traîtreſſe,
J'ai payé chérement les fruits de ſa tendreſſe !

Quand elle me disoit , souvenez-vous de moi ,
Elle avoit bien raison : il m'en souvient, ma foi.

ISABELLE.

Allez, mon cher Branlard, c'est une bagatelle ,
Il n'en faut plus qu'autant.

BRANLARD.

Que vous êtes cruelle !
De me railler encore.

ISABELLE.

J'ai grand tort en effet.

BRANLARD.

Prenez-vous-en à vous de tout ce que j'ai fait.

ISABELLE.

Ce n'est pas tout, je veux en régaler mon frere ,
Il vient fort à propos.

BRANLARD.

Comment? qu'allez-vous faire?

ISABELLE.

Vous ne sauriez avoir trop de confusion,
Et de votre pardon c'est la condition.

SCENE

## SCÉNE X.

VALERE, ISABELLE, BRANLARD.

VALERE.

AH ! ma ſœur, prenez part à ma bonne fortune,
Vous allez avoüer qu'elle n'eſt pas commune,
Vous l'allez voir. Ah ! ah ! c'eſt vous, Mr. Branlard,
Je veux de cette vûë auſſi vous faire part.

ISABELLE.

Ma foi, Monſieur Branlard n'a pas ſujet de rire,
Il pleure plûtôt.

VALERE.

Que me voulez-vous dire ?

ISABELLE.

Il a d'une beauté reçû certain préſent,
En un mot, il en tient.

VALERE.

Le tour eſt fort plaiſant.

Eh! voilà ce que c'eſt de courir les Donzelles:
Faites tout comme moi, dénichez des pucelles;
Il s'y trouve, il eſt vrai, de la difficulté;
La vertu les défend avec fermeté.
Avant qu'elle s'écarte, & que le vice gliſſe,
Les combats ſont ſanglans avec une novice;
Mais on a de l'honneur, je viens de l'éprouver
Avec celle qu'ici vous voyez arriver.

## SCÉNE XI.

VALERE, ISABELLE, AGNES, BRANLARD.

BRANLARD.

QUe vois-je! quoi c'eſt là la conquête nouvelle!
Oh parbleu! pour le coup vous en avez dans l'aîle,
C'eſt elle juſtement qui m'a ſi mal traité.

VALERE.

Que me dites-vous là?

BRANLARD.

Je dis la vérité.

Agnes, connoiſſez-vous ce Monſieur?

AGNES *à part.*

Ah! je tremble.

VALERE.

Parlez, avez-vous eû quelque commerce enſemble?

AGNES.

Je ne ſai pas.

VALERE.

Il faut ici s'expliquer net:

Connoiſſez-vous Monſieur?

AGNES.

He.... non pas tout-à-fait.

Monſieur, ne dites pas au moins, je vous en prie,

Tout ce qui s'eſt paſſé.

BRANLARD *en colére.*

La priére eſt jolie.

Cela ſeroit fort bon, s'il ne m'en cuiſoit pas;

Mais l'état où je ſuis....

AGNES.

Eh ! parlez donc plus bas.

BRANLARD.

Que je parle plus bas? parbleu, je vous admire,
Il n'eſt pas néceſſaire, & je viens de tout dire.

AGNES.

Les hommes d'à préſent ſont de grands indiſcrets.

VALERE.

Il n'eſt donc que trop vrai : qui l'eût penſé jamais?

AGNES *à Valere.*

Monſieur, excuſez-moi, ce fut par innocence.

VALERE.

Sortez d'ici, perfide, ou craignez ma vengeance.

## SCÉNE XII.

### VALERE, ISABELLE, BRANLARD.

ISABELLE.

MOn frere, en vérité, vous méritez cela;
Mais je plains cependant l'état où vous voilà.

VALERE *en fureur.*

Enfin je ſuis donc pris! qui l'eût pû jamais croire!
Je viens de remporter une belle victoire!
Je peux bien m'en vanter. O triſte ſouvenir!
Quel tranſport me ſaiſit! Je perce l'avènir;
Je vois déja, je vois cette Déeſſe immonde
Que l'Enfer enfanta pour tourmenter le monde.
La pâleur l'accompagne; ſes avant-coureurs
Viennent me préparer à toutes ſes fureurs.
Déja je vois couler le poiſon qu'elle apprête;
Les yeux de ſes ſerpens m'environnent la tête;

Ses deux jeunes courſiers s'allument contre moi,
Bouffis, gonflés de rage, ils me glacent d'effroi.
En ce cruel état, ô Ciel ! que dois-je faire !
Ah ! barbare, autrefois tu fis mourir mon pere,
Mais je te tiens.

ISABELLE.

Oh ! Dieux, quel étrange tranſport !
Ah ! pour le ſecourir employons notre effort.

VALERE.

O fils de Jupiter ! redoutable Mercure !
J'implore ton ſecours dans ma triſte avanture.
Mille & mille en ce cas affligés comme moi
Dans leur malheureux ſort n'ont eû recours qu'à toi ;
En ce puiſſant danger je reclame ton aide.
Mais avant d'en venir à ce cruel reméde,
Vengeons-nous, cher Branlard, au milieu de nos maux,
Allons nous ſignaler par des exploits nouveaux,

Ne perdons point de tems, courons de belle en belle,
Promenons ce préſent d'une beauté cruelle :
Nous pouvons déſormais, ſans courir de hazard,
De ce préſent fatal en tous lieux faire part.
Puiſqu'un ſexe perfide aujourd'hui nous le donne,
Il ne faut pas du moins rien avoir à perſonne,
Rendons-le avec uſure. Il faut que dans ce jour,
Puiſqu'il vient de là flute, il retourne au tambour.

BRANLARD.

Oüi, c'eſt bien dit, allons que rien ne nous arrête,
Reprenons le courage & du poil de la bête.

*Ils s'en vont.*

ISABELLE *au Parterre.*

Meſſieurs, le Ciel vous offre un bel exemple aux yeux,
Après cela malheur à tout Luxurieux.

# L'ORIGINE DES OISEAUX, OU LES AMOURS DU SOLEIL ET DE VENUS.*

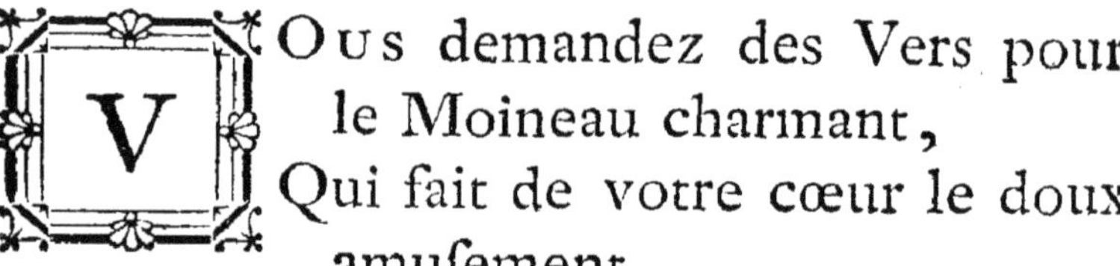

VOus demandez des Vers pour le Moineau charmant,
Qui fait de votre cœur le doux amusement,
Pour qui vous dissipez le fond d'une tendresse,

* Ce petit Poëme a paru fort en désordre dans l'Edition des Contes & Nouvelles de Vergier, publiée à Paris (Amsterdam) en 1727.

Où, malgré vos rigueurs, mon amour s'intéresse :
C'eſt exiger, Philis, un étrange régal,
De vouloir que je rime en faveur d'un rival.
Loin de loüer en lui ce qui fait vos délices,
Son attache pour vous, ſa fierté, ſes malices,
Je devrois travailler à le faire haïr ;
Mais quand vous commandez, je ne ſai qu'obéïr.
Je vais donc vous conter quelle heureuſe avanture
A des premiers Oiſeaux enrichi la nature,
Et pour juſtifier votre tendre panchant
En faveur du Moineau qui n'a plume ni chant,
Faire venir du Ciel ſes titres de nobleſſe,
Et ſur tous les Oiſeaux lui donner droit d'aineſſe.
Il en faudra tirer les titres glorieux
Des mémoires ſecrets, des intrigues des Dieux,
Et peindre des baiſers, dont les Muſes diſcrettes,
N'ont point fait juſqu'ici confidence aux Poëtes.

Ne vous étonnez pas qu'un mistére oublié
Ait attendu nos ans pour être publié:
C'est ainsi que notre âge heureux en découvertes,
Des siécles négligens a réparé les pertes:
On sait bien que Venus, faite pour tout charmer,
S'est cruë également faite pour tout aimer.
Ses exploits amoureux sont une longue histoire;
Mais on nous a caché sa plus belle victoire,
Et l'on ignore encor quel captif trop heureux
A cette conquérante offrit les premiers vœux;
Quel Dieu mit le premier la tendresse en usage;
C'est le hardi dessein de ce petit ouvrage.
Venus, fille de l'Onde, encore sur les flots,
Essayoit ses attraits nouvellement éclos,
Et tiroit vers les bords de l'Isle fortunée,
Qu'à son séjour sur terre elle avoit destinée;
La nacre que la mer lui donne pour berceau,
Lui sert en même-tems de trône & de vaisseau;

L'officieux zéphir y tient lieu de pilote,
Il pouſſe vers le bord la coquille qui flote,
Et d'un ſouffle amoureux joüant de toutes parts,
Il fait des voiles d'or de ſes cheveux épars.
Le Soleil qui voit tout, par qui tout voit au monde,
Découvrit le premier ces richeſſes ſur l'onde.
D'abord ſurpris de voir ſur la face de l'eau
Un éclat étranger devancer ſon flambeau,
Tel qu'il voit quelquefois dans le fond d'un nuage,
Ses rayons orguëilleux revêtir ſon image,
Et par un faux éclat impoſant aux humains,
Rendre entre deux Soleils leurs regards incertains;
Il crut que de ſa flamme en un point recuëillie,
Il s'étoit ſur les eaux produit un parellie,
Ou que Thétis, cherchant à ſe paſſer des Cieux,
S'étoit fait un Soleil pour éclairer ces lieux.
Mais lorſque de plus près il voit cette merveille,
La flamme de ſes yeux à la ſienne pareille,

Qu'il voit de ſon viſage & le tein & le tour,
Cet air qui ne reſpire & n'inſpire qu'amour,
Cette double hauteur de ſa gorge admirable,
Qu'à ſon double Parnaſſe il trouvoit préférable,
Ses cheveux, qui dans l'air par le vent ſuſpendus,
Lui ſembloient des rayons autour d'elle épandus;
Tous les charmes enfin d'une beauté parfaite
Qu'aucun voile ne cache à ſa vûë indiſcrette,
Et que, tout Dieu qu'il eſt, Peintre, Poëte, Amant,
Phébus qui les a vû peindroit mal-aiſément;
Un nouveau feu ſe joint au feu qui l'environne;
C'eſt à vous, lui dit-il, adorable perſonne,
A donner la lumiére & régler les ſaiſons:
Vos yeux percent plus loin que mes foibles rayons;
Vous pourriez au ſéjour du Maître du tonnerre
Diſpenſer la clarté qui ſe répand ſur terre.
Heureux pour qui le ſort réſerve tant d'appas!

Il quitteroit ſon char pour aller ſur ſes pas ;
Et lui qui doit par-tout ſa lumiére féconde,
Termineroit ſa courſe en cet endroit du monde.
Mais un pouvoir plus fort l'emporte ſur l'amour,
Et Miniſtre, auſſi bien que Souverain du jour,
Il ne peut accourir ni changer ſa carriére.
Il part, ſon char l'emporte, il regarde en arriére,
Il ſoupire & connoît en ce moment fâcheux,
Que le rang le plus haut n'eſt pas le plus heureux,
Et que de ſon emploi l'attachement extrême
Le donnant au public, le dérobe à lui-même.
Venus à cet objet ſi propre à la charmer,
Ne ſe laiſſe pas moins, ni moins vite enflammer.
Tel que ſur un amas de la fatale poudre,
Dont l'homme induſtrieux a sû forger un foudre :
S'il tombe une étincelle, on voit en un moment

Par toute la matiére aller l'embrasement,
Et reprendre auſſi-tôt le déſordre & la flamme,
Tel & plus prompt le feu ſe gliſſe dans ſon ame.
Ses yeux, qui ſur les ſiens aiment à s'attacher,
Y puiſent des ardeurs qu'elle ne peut cacher.
Quoique ſon cœur encore à ſa premiére affaire
Ignore ce qu'il ſent, ce qu'il veut, ou doit faire,
Elle fait ce qu'il faut pour toucher ſon vainqueur,
Mêle au feu de ſes yeux une douce langueur.
Feignant de ſe cacher, lui dérobe à la vûë
Les attraits les plus vifs, dont le Ciel l'a pourvuë,
Et lui fait concevoir par un œil enflammé,
Qu'autant qu'il aime il peut s'aſsûrer d'être aimé.
A peine de la nuit la lenteur odieuſe
Met le Soleil à bout de ſa courſe ennuyeuſe,

Qu'il laiſſe à l'abandon ſes chevaux haraſſés,
Sa paſſion l'emporte à des ſoins plus preſſés,
Le tourne tout entier vers l'aimable inconnuë.
Réſolu de ſavoir ce qu'elle eſt devenuë,
Il court pour s'aſsûrer un bien ſi prétieux,
Et jugeant le ſéjour réſervé pour les Dieux,
Seul digne de loger une hôteſſe ſi belle,
Soit qu'elle ſoit Déeſſe, ou qu'elle ſoit mortelle;
(Mais il la croit Déeſſe à ſes divins appas)
C'eſt d'abord vers l'Olimpe où s'adreſſent ſes pas.
Il ne fut point trompé dans ſa flateuſe attente,
Cypris y vint montrer ſa beauté raviſſante,
Jupiter à la terre enviant ſon ſéjour,
D'un ſi rare ornement voulut parer ſa Cour.
De honte à ſon aſpect les Déeſſes rougirent,
Par un plus doux motif les Dieux mêmes frémirent.
Leurs yeux accoûtumés à tout l'éclat des Cieux,
Ne purent ſoûtenir les éclairs de ſes yeux.
Le Soleil eſt le ſeul, dont la ferme paupiére

En puiſſe ſoûtenir l'éclatante lumiére.
A ce danger charmant ſeul il s'oſe expoſer,
Et c'eſt le ſeul auſſi qu'elle veüille embraſſer.
Ce fut là que leurs yeux de plus près ſe parlerent,
Qu'ils connurent leurs coups & les renouvellerent,
Que ſous la caution des ſermens les plus forts,
Ils livrerent leurs cœurs aux plus ardens tranſports.
Phébus certain de plaire & plein de confiance,
Se prépare à l'himen avec impatience;
Du Souverain des Dieux demande l'agrément,
Mais, ô fatal revers pour un fidéle Amant!
Un ordre irrévocable à ſes deſſeins s'oppoſe,
De cet obſtacle, hélas! Jupiter n'eſt pas cauſe.
Dans cet arrêt par lui contre un fils prononcé,
Il n'eſt que du deſtin l'interpréte forcé.
C'eſt le bizarre ſort, dont les loix trop cruelles

Com-

Commencent par Venus à maltraiter les belles,
Aux plus rares beautés imposant sans pitié
L'insuportable joug d'une indigne moitié.
Junon, toûjours jalouse, avec le sort se ligue,
Les Dieux exclus du choix se joignent à la brigue,
Et le rival de tous, que Phébus craint le moins,
Est celui dont l'himen autorise les soins.
C'est par Vulcain, des Dieux la honte & la risée,
Que l'ornement du Ciel Venus est épousée.
Eh bien! Amans mortels, qui voyez quelquefois
A d'indignes rivaux transporter tous vos droits;
Beauté, qu'un nœud forcé captive dans nos Temples,
Vous plaindrez-vous encore après ces grands exemples?
Prendrez-vous à partie & l'Amour & les Dieux,
Quand même sort insulte aux habitans des Cieux?

Ces deux Divinités, ces deux beautés parfaites,
Qui s'aimoient, qui ſembloient l'une pour l'autre faites,
Venus a le dégoût d'un nœud mal aſſorti,
Et le plus beau des Dieux n'a pû trouver parti.
Que leur auroit ſervi leur vaine réſiſtance ?
Jupiter, qui des Cieux eſt la toute-puiſſance,
Qui du deſtin lui-même a dicté les arrêts,
Se ſoûmet ſans murmure à ſes propres décrets.
Ils s'y ſoûmettent donc ; mais pour leur himenée,
N'oſant choquer de front la fiére deſtinée,
Ils tâchent de donner en habiles Amans
A ce triſte devoir des adouciſſemens.
Si le ſort ſur l'himen étend ſa violence,
L'amour maintient les droits de ſon indépendance.
Ils ſavent que le cœur eſt exemt d'obeïr,
Et ſe conſulte ſeul pour aimer & haïr.
Au défaut des plaiſirs que l'himen leur retranche,

En tranſports innocens leur tendreſſe s'é-
panche,
Leur feu d'autant plus vif qu'il le faut étouf-
fer,
Par d'innocens baiſers ſe plaît à triompher.
Ils les jugent permis, quoiqu'en diſe au
contraire
Le jaloux Forgeron que ce jeu déſeſpére,
Qui les croit plus heureux en des plaiſirs
bornés,
Qu'en dépit du devoir l'Amour a façonné,
Qu'il ne ſe croit lui-même en des biens ſans
meſure,
Que le devoir arrache, & dont l'Amour
murmure.
Mais d'un tendre commerce, effet miracu-
leux,
Par autant de baiſers, dont ce couple amou-
reux
S'efforce de flater leurs flammes déſolées,
Autant par l'union de leurs bouches co-
lées,
Il ſe forme d'Oiſeaux, qui perçans dans les
airs,
Font retentir les lieux de différens concerts,

Et ſemblent en naiſſant, pleins de reconnoiſſance,
Célébrer les baiſers qui leur donnent naiſſance.
Le cœur de ces Amans gros de mille déſirs,
Met la fécondité juſques dans leurs ſoupirs.
Cette vapeur de feu ſe bâtit des organes,
La revêt à l'entour de ſubtiles membranes,
Les condenſe en matiéres, & leur faiſant un corps,
D'une plume légére en garnit les dehors;
D'où prenant ſon eſſor par un canal fléxible,
A ces ſons, dont pour nous l'étude eſt ſi pénible,
Elle produit un chant ſans régle meſuré,
Et par les plus beaux ſons ſans maître figuré.
Même afin que l'eſpéce en ſoit perpétuelle,
Un ſeul baiſer produit le mâle & la femelle;
Et pour comble de biens, ces fortunés Oiſeaux
Viennent apareillés auſſi-bien que jumeaux:
La ſœur trouve en naiſſant un époux dans ſon frere;
Il voltige autoûr d'elle, elle cherche à lui plaire.

L'amour, dont l'un & l'autre ignore les
leçons,
Prélude cependant par de tendres chanſons,
Et dans ces doux accords la ſeule ſimpatie
Enſeigne à chacun d'eux à tenir ſa partie.
Que ſait-on ſi parmi tant d'Oiſeaux différens,
Cet Oiſeau redoutable à ſes propres parens,
Si l'Amour, cet Oiſeau qui ne vit que de
proie,
Et qui des cœurs humains ſe repaît avec joie,
De ſes baiſers féconds ne ſeroit pas venu;
Certes, ſon origine eſt un fait inconnu:
L'antiquité d'accord ſur le nom de la mere,
A cet enfant trouvé ne donne point de pere;
Et j'oſe me flater que ce divin Oiſeau
Auroit peine à trouver un plus digne ber-
ceau.
Que ſi l'amour jaloux de cacher ſa naiſſance,
Veut que l'on ne connoiſſe en lui que la
puiſſance,
Laiſſons-le s'applaudir du ſoin miſtérieux
De couvrir ſa naiſſance auſſi-bien que ſes
yeux.
Mais qu'il ſoit d'un autre air ou d'une autre
nature,

L'aineſſe des Moineaux n'en ſera que plus
sûre ;
Puiſqu'ils ſont les premiers, ſi ce Dieu n'en
eſt pas,
Qui trouverent la vie en ce jeu plein d'appas.
Auſſi, loin de chanter, cette amoureuſe paire
Imita ſur le champ ce qu'elle voyoit faire,
Et de leur petit cœur le petit batement
Fut un ſigne d'amour & non de ſentiment.
Ce ne ſont que baiſers, que careſſes preſ-
ſantes :
Par le trémouſſement de leurs aîles trem-
blantes,
Par mille petits cris à leurs tranſports mêlés,
Ils témoignent l'ardeur, dont leurs cœurs
ſont brûlés.
Quand des autres Oiſeaux l'eſpéce trop
ſauvage
S'enfuit de toutes parts comme ſortant de
cage,
Et craint juſques aux Dieux, dont elle tient
le jour,
Ce couple familier à leurs pieds fait l'amour.
Tranquile, apprivoiſé, proche d'eux il s'ar-
rête,

Et prend ſa part lui-même à cette tendre fête.
Sur-tout de la Déeſſe ils connoiſſent la voix,
Voltigent ſur ſon ſein, badinent ſur ſes doigts,
Oſent porter leur bec juſqu'à ſa belle bouche,
Et faire les mutins lorſque Phébus y touche,
Comme on voit aujourd'hui votre Moineau jaloux,
Pratiquer envers ceux qui s'approchent de vous;
Cet air fier & badin, qui charme pere & mere,
En leur poſtérité devient héréditaire;
Et l'amour, en faveur des Dieux, dont ils ſont nés,
Leur fait ſur la tendreſſe un partage d'aînés.
Tendres & premiers fruits d'un amour ſans meſure,
Ils ſemblent compoſés de flamme toute pure,
Et n'ont qu'autant de corps qu'il en faut pour nourrir
Ce feu qui les anime & qui les fait mourir.
Il eſt vrai qu'ils n'ont pas la beauté du ramage:

Comme entre les Oiseaux l'agrément se partage,
Ainsi que parmi nous, il se trouve qu'entre eux,
Les plus passionnés ne chantent pas le mieux.
Peut-être n'est-ce pas un méchant caractére,
D'être fort caressant & de n'en dire guéres.
Les Pigeons, qui, comme eux, sont de si grands baiseurs,
Ne sont pas, non plus qu'eux, d'agréables causeurs.
Leur mere cependant, qui s'attache au solide,
En faveur des Pigeons & des Moineaux décide,
Et laissant sans emploi ces Oiseaux prétieux,
Que la plume & le chant rendent si glorieux,
A ces Amans sans bruit sa prudence partage
Le soin de composer son galant attelage.
Ils sont encor les seuls que dessus les autels
Elle daigne en offrande accepter des mortels.
Mais des tendres Moineaux l'espéce favorite
D'un service plus grand a tout seul le mérite.

Par ſon attachement à lui faire la cour,
Ils ſont les confidens de ſes deſſeins d'amour.
Lorſque d'un nouveau feu la Déeſſe preſſée
A ſon heureux Amant veut ouvrir ſa penſée;
Au lieu d'en confier le ſecret aux zéphirs,
Elle donne aux Moineaux à porter ſes ſoupirs.
Ils viennent ſur les bords de ſa bouche amoureuſe
Prendre en leur petit bec la vapeur prétieuſe;
Puis franchiſſant les airs ils la vont exhaler
Vers l'objet que Venus en daigne régaler.
Qu'on trouve, ſi l'on veut, de l'Aigle redoutable
Aux pieds de Jupiter le rang plus honorable,
Peut-être le Moineau dans un plus doux emploi
N'aura-t'il rien qu'il doive envier à ſon Roi.
Si le Miniſtre affreux des horreurs du tonnerre,
Porte en ſon bec dequoi faire trembler la terre,

Le Moineau, gardien d'un ſeu délicieux,
Porte dequoi charmer les hommes & les Dieux:
Voilà d'où les Moineaux ont tiré leur naiſſance.
Belles, qui n'êtes pas de facile croyance,
Et qui ſur cette hiſtoire allez ſubtiliſer,
Que vous connoiſſez peu la force d'un baiſer!
Juſqu'où de deux Amans l'haleine confonduë
Eleve en ſes tranſports la nature éperduë!
Lorſqu'amoureuſement leur bouche ſe preſſant,
Leur ame ſur le bord des lévres s'avançant,
S'élance hors de ce corps, qui la tient enfermée,
Pour paſſer dans celui de la perſonne aimée.
Vains efforts! de vouloir vous peindre les appas
D'un miſtére de cœur que vous n'entendez pas.
L'amour, qui ſeul en peut faire ſentir l'amorce,

Vous en peut ſeul auſſi faire ſentir la force.
Mais quand des immortels le pouvoir révéré
Ne rendroit pas croyable un fait mieux avéré,
Vous devez bien vous rendre aux preuves d'un miracle,
Dont l'amour renouvelle à vos yeux le ſpectacle.
Remarquez au Printems les Oiſeaux amoureux ;
Par de fréquens baiſers ils déclarent leurs feux.
L'homme n'entend pas ſeul ce délicat manége ;
L'eſpéce volatille a même privilége.
D'où vient qu'à ce commerce il trouve des appas,
Que d'autres animaux n'y reconnoiſſent pas?
C'eſt qu'à s'apparier leur inſtinct les convie
Par les mêmes baiſers, dont ils tiennent la vie:
De là viennent ces œufs, qui ſous de frêles murs
Cachent les élémens des oiſillons futurs.
Stériles élémens! inutile aſſemblage!

Si la mere en couvant n'achevoit ſon ouvrage.
Son feu vivifiant par dégrés répandu
Sur ce petit cahos, où tout eſt confondu,
Débroüille la matiére, arrange les parties,
Et fait un compoſé des piéces aſſorties,
Forme un petit Oiſeau, qui s'aidant à ſon tour,
Briſe enfin la priſon qui le tenoit au jour;
Et fait voir, en naiſſant d'une chaleur féconde,
Qu'une ſimple vapeur a pû le mettre au monde.
Mais peut-on en douter? quand le Nil indiſcret
A la nature même a volé ſon ſecret;
Quand le Caire en hazarde une preuve publique,
En renfermant des œufs dans un fourneau de brique,
Il fait, à la faveur d'un feu bien gouverné,
Faire éclorre ſans mere un poulet étonné,
Comme un enfant, doux fruit d'un amour mutuelle,
Souvent de ſes parens eſt l'image fidéle,

En partage les traits, & le pere joyeux
Y reconnoît sa bouche, & la mere ses yeux;
Ainsi dans les Oiseaux la nature soigneuse
De conserver l'honneur de leur naissance heureuse,
A sû perpétuër mille traits répandus
Des deux Divinités dont ils sont descendus.
Ils tiennent de Phébus, auteur de la musique,
Tous ces chants naturels qu'ils mettent en pratique;
Ils tirent de Phébus, principe des couleurs,
Dequoi le disputer aux plus brillantes fleurs;
Il soûtient, il conduit leurs aîles élevées
Dans les routes de l'air pour eux seuls réservées.
La naissance du jour leur réjoüit le cœur,
Le départ du Soleil les met dans la langueur.
Tout leur manque la nuit, l'usage des prunelles,
Le chant, le mouvement & la force des aîles.
Je croirois volontiers, voyant tant de rapports
Les unir au Soleil par de secrets ressorts,

Qu'ils vivent ſeulement d'une vie emprun-
tée,
Par ſes rayons produite, avec art emportée,
Et dépendans de lui, tel qu'on voit un ruiſ-
ſeau
Dépendre de ſa ſource & lui devoir ſon eau.
Du côté de Venus ils ont dans leur famille
La gloire de ſortir auſſi d'une coquille,
Et cet artiſte nid, qui leur ſert de berceau,
De celui de leur mere eſt encore un tableau.
Ils ont de cette tendre & ſenſible Déeſſe
Cette divine ardeur qui les brûle ſans ceſſe.
L'amour n'eſt point chez eux un commerce
au hazard,
Une aveugle fureur où le corps ſeul ait part,
Un tranſport qui s'épuiſe au moment qu'il
commence,
Qu'aucun égard ne ſuit, qu'aucun ſoin ne
devance ;
Tel enfin qu'il ſe trouve en d'autres animaux,
Qu'entraînent ſur le champ leurs mouve-
mens brutaux.
C'eſt une paſſion préparée & ſuivie,
Qui dure tout l'Eté, ſouvent toute la vie.
C'eſt le plan régulier d'une ſociété,

Qui met ſoins & plaiſirs dans la communauté.
Leur himen en effet tient de nos mariages,
On les voit s'attacher à leur petit ménage;
Et des matériaux d'un nid induſtrieux
Faire conjointement l'amas laborieux.
L'amour eſt, en un mot, leur grande & ſeule affaire,
Oiſifs en tout le reſte, auſſi-bien que leur mere,
Sans ſoin de l'avenir, brillans, chantans, joüans;
C'eſt lui ſeul qui les rend oiſifs & prévoyans.
Mais c'eſt ſur les Moineaux entre tous que domine
L'amoureux aſcendant de leur tendre origine;
Et pour juſtifier leur aineſſe au beſoin,
La Déeſſe a voulu les marquer à ſon coin.
Une amoureuſe ardeur ſans ceſſe les dévore,
Et le même Printems, qui les a fait éclorre,
Voit le frere & la ſœur amans dès le berceau,
Au ſortir de leur nid en bâtir un nouveau.
Qu'on ne m'oppoſe plus que ce fond de tendreſſe

Eſt un titre d'aîné bien fatal à l'eſpéce,
Que ce feu qui les rend ſi vifs dans leurs amours,
S'il cauſe leurs plaiſirs, abrége auſſi leurs jours.
Ah ! qu'un pareil reproche a dequoi faire envie !
L'amour dans un Moineau dure autant que la vie.
Ne vivroient-ils qu'un an ? ils vivent plus long-tems
Que ces triſtes Oiſeaux qu'on croit vivre cent ans.
Voyez, belle Philis, où l'ardeur de vous plaire
A conduit, en joüant, ma muſe téméraire !
Semblable à ces Auteurs, par l'argent inſpirés,
Qui ſur des monumens, de tout autre ignorés,
Tirent de la pouſſiére une nobleſſe mince,
Et lui donnent pour tige un échapé de Prince ;
Pour vous j'ai parcouru les archives des Cieux ;

Dénoncé

Dénoncé des amours même ignorés des
Dieux ;
Et menant la nature au ſecours de la fable,
Fait au défaut du vrai ſervir le vraiſemblable.
Heureux ! ſi je pouvois par ce chemin nouveau
Faire aux ſiécles futurs aller votre Moineau,
Le rendre auſſi fameux que cet Oiſeau célébre,
Dont Catulle autrefois fit l'éloge funébre ;
Le rendant immortel en déplorant ſa mort.
Je n'oſe lui promettre un ſi glorieux ſort :
Le Moineau de Lesbie eut moins de gentilleſſe,
Sans doute ſon Amant me cédoit en tendreſſe.
Mais Catulle touchoit une lire à charmer,
Et je chante auſſi mal que je ſai bien aimer.
Bien loin de me flater qu'à ce petit ouvrage
L'indifférent lecteur accorde ſon ſuffrage,
Je doute même encor ſi je vous aurai plu ;
Vous, pour qui je travaille, & qui l'avez voulu.
Si d'un tendre baiſer la peinture trop vive
Allarmoit cependant votre pudeur craintive,

Avant que d'effacer les traits de mon tableau,
Voyez ſur quels Amans j'exerce mon pinceau ;
Songez que c'eſt Venus à la premiére intrigue,
Venus de ſes faveurs envers tous ſi prodigue,
Que j'ai fait violence à ſon temperament,
Pour la rendre ſi ſage avec un tel Amant.
Quand donc m'accommodant à votre humeur ſévére,
A de ſimples baiſers je termine l'affaire ;
Permettez-moi du moins de les imaginer,
Tels que je les demande & voudrois les donner.
Peut-être avec le tems par l'amour aguerrie,
Ferez-vous plus de grace à ſa galanterie :
Déja votre Moineau vous ſait apprivoiſer,
Avec un tel tranſport je vous le vois baiſer ;
Que c'eſt par vos baiſers que ma Muſe guidée,
S'eſt fait ſur les Oiſeaux cette amoureuſe idée.
Mais pour rectifier par un trait ſérieux
Ce que la fable a mis de trop licentieux,

Je vais la couronner d'une morale auſtére,
Et vous inſtruire au moins, ſi je n'ai sû vous
plaire.
C'eſt l'effet de l'amour de changer les amans
En l'objet trop cheri de leurs empreſſemens.
Jadis par un Pigeon une belle charmée,
Se vit en un Pigeon par les Dieux tranſ-
formée.
Vous, qui pour un Moineau, qui ne ſauroit
jamais
Répondre à vos bontés, ni ſentir vos attraits,
Avez de tendres ſoins qu'un Amant ſeul
mérite,
Redoutez que l'Amour enfin ne s'en irrite,
Et que faiſant ſur vous un prodige nouveau,
Il ne le change en homme, & vous change
en Moineau.
Quelque heureux tour qu'il donne à la mé-
tamorphoſe,
Ah! vous perdriez, Philis, ſans doute quel-
que choſe.
Vous, devenant Oiſeau, que d'attraits ſu-
perflus!
Et lui devenant homme, il ne vous plairoit
plus.

# IMITATION DE LA XII. ÉLÉGIE LATINE D'ADRIEN RELAND, SUR LA MORT DE GALATÉE.

IMpitoyable ſort, faut-il donc que je vive !
Et qu'à tant de douleurs un triſte Amant ſurvive !
O Mort ! ne ſois pas ſourde aux cris d'un malheureux ;
Par pitié ſois ſenſible à mon tourment affreux ;
Dans l'état où je ſuis, le ſeul bien qui me reſte
Eſt de finir, helas ! des jours que je déteſte.
Viens donc ; que tardes-tu de répondre à mes vœux ?

Je ne vis qu'à regret : si c'est vivre, grands Dieux !
Que d'être enseveli par la mort d'une Amante.
Ma Galatée, ô Ciel ! cette Nimphe charmante,
Objet infortuné de mes vives ardeurs,
A subi du destin un arrêt plein d'horreurs :
Que je suis malheureux ! jour fatal ! les lieux sombres
Voyent son ombre errer parmi les noires ombres.
L'ombre de mon Amante.... ô cruel souvenir !
Juste Ciel ! je ne peux y penser sans frémir.
Quoi ! c'est donc vainement que sa divine bouche
M'avoit juré qu'himen l'uniroit à ma couche !
Seul & charmant objet de nos vœux les plus doux,
Dieu d'himen, tes flambeaux sont donc éteints pour nous ?
Les plaisirs, dont jadis mon ame étoit flatée,
Sont tous ensevelis avec ma Galatée ?

Autour de ſon beau col mes bras entrelaſſés
N'animeront donc plus nos amoureux baiſers?
Tu portes aux Enfers, ô chaſte Galatée !
Une virginité qui n'eſt point effleurée.
Tes beaux yeux , où l'amour faiſoit briller ſes feux,
Sont pour jamais fermés à la clarté des Cieux.
Peut-être, ô mes amours! ma tendre Galatée!
(Si ce n'eſt une erreur de ma flamme abuſée)
Quand ſoûtenuë encor ſur un fragile bois,
Tu ſoupirois mon nom pour la derniére fois,
Le cruel Dieu des mers t'a ſubmergé dans l'onde.
O barbare deſtin! ô douleur ſans ſeconde!
Je preſſentois ces maux , lorſque quittant ce lieu ,
Ma Galatée, helas! tu vins me dire adieu.
Quel adieu! juſte Ciel! il te coûte la vie.
D'une ſecrette horreur mon ame fut ſaiſie.
D'un funeſte avenir triſte preſſentiment !
Sans doute tu n'avois que trop de fondement.

Dieux! pourquoi ce vaiſſeau quitta-t'il nos
rivages,
Pour être le joüet des mers & des orages?
Innocentes ardeurs, délicieux tranſports,
Vous vous êtes changés en ſanglots, en
remords.
Avec ma Galatée ont péri mes délices,
Et mon plus doux eſpoir fait mes plus
grands ſupplices.
O déplorable ſort! ô malheur ſans égal!
De vos faſtes, François, rayez ce jour fatal.
Pleurez ſombres forêts, pleurez terre ché-
rie,
Préférable jadis aux champs de Theſſalie,
Quand ma Nimphe faiſoit ſous vos ombra-
ges verds
Redire à vos échos ſes amours & mes Vers.
Helas! elle n'eſt plus, vous n'avez plus de
charmes;
Vous fîtes mes plaiſirs, & vous cauſez mes
larmes.
Elle ne viendra plus dans ces aimables lieux
Me prouver à la fois ſes vertus & ſes feux.
Tu ne mêleras plus, zéphir, à ton murmure
De ma chaſte Venus l'haleine douce & pure;

Et ſes beaux cheveux blonds par ton ſouffle badin
Ne ſeront plus en ordre épars ſur ſon beau ſein.
Gazons, que tant de fois j'ai foulé avec elle,
Vous ne me verrez plus rempli d'un tendre zéle,
Donner à ſes beaux bras des baiſers amoureux,
Capables d'enflammer les hommes & les Dieux.
Fontaines, en ce jour témoignez vos allarmes,
Pleurez, ruiſſeaux, enflés du tribut de mes larmes;
Exprimez vos regrets, infortunés côteaux,
Et toi, fleuve, jadis pour boire de tes eaux,
Avec moi, ſur tes bords, mon Amante épanchée
Charmoit par ſes baiſers ton onde fortunée.
Les Naïades, pour voir ce chef-d'œuvre des Cieux,
Suſpendoient de tes flots le cours impétueux,
Et cédant au torrent de l'onde fugitive,
S'éloignoient à regret de cette heureuſe rive.

Pleurez, mes yeux, pleurez de ſi tendres
amours,
Soupirs, plaintes, ſanglots, prenez un libre cours;
Vous ſeuls pouvez flater ma tendreſſe éplorée.
Pour ne penſer qu'en toi, chere ombre, ô Galatée!
J'errerai toûjours ſeul dans ces triſtes forêts,
Qui t'empruntoient jadis de ſi charmans attraits:
Par de fréquens ſanglots ma voix interrompuë
Rendra ces lieux témoins du chagrin qui me tuë,
Et pouſſant juſqu'aux Cieux de lugubres accens,
Fera gémir l'écho de mes gémiſſemens:
Pour adoucir mes maux d'un ſeul mot qui m'enchante,
Sans ceſſe il redira le nom de mon Amante.
Mais toi, près d'un ciprès, qui ſoupires ces Vers,
Que n'exprimes-tu mieux, Muſe, les maux divers,

Les plaintes, les transports où mon cœur
s'abandonne ?
Chere ombre, qui m'entens, à ton Amant
pardonne,
Pardonne aux tristes pleurs qu'ici tu fais
couler,
L'excès de ma douleur m'empêche de parler.
Pour peindre mes tourmens nature est im-
puissante :
J'ai tout perdu, grands Dieux! en perdant
mon Amante.
Ne cherchant désormais que d'innocens
plaisirs,
Mon cœur ne formera que de chastes désirs.
Tendre & perfide espoir du plus doux hi-
menée,
Vous rendez à jamais ma vie infortunée.
Nimphe, lorsque la Parque aura tranché
mes jours,
Je veux t'offrir encor de constantes amours;
Et m'unissant aux chœurs de l'heureux Eli-
sée,
Je chanterai toûjours ma belle Galatée.

J. O... M... D. M.

# LA CHAMBRE DE JUSTICE,

*Etablie au commencement de la Régence en 1715.*

## ODE.

TOI, dont le redoutable Alcée
Suivoit les tranſports & la voix,
Muſe, viens peindre à ma penſée
La France réduite aux abois.
Je me livre à ta violence,
C'eſt trop dans un lâche ſilence
Nourrir d'inutiles douleurs.

Je vais dans l'ardeur qui m'enflamme
Flétrir le Tribunal infame,
Qui met le comble à nos malheurs.

Une tirannique induſtrie
Epuiſe aujourd'hui ſon ſavoir;
Son implacable barbarie
Se meſure ſur ſon pouvoir.
Le délateur, monſtre exécrable,
Eſt orné d'un titre honorable,
A la honte de notre nom,
L'eſclave fait trembler ſon maître;
Enfin, nous allons voir renaître
Les tems de Claude & de Néron.

En vain l'auteur de la nature
S'eſt réſervé le fond des cœurs,
Si l'orguëilleuſe créature
Oſe en ſonder les profondeurs.
Une ordonnance criminelle
Veut qu'en public chacun révéle
Les opprobres de ſa maiſon,
Et pour couronner l'entrepriſe,
On fait d'un Pays de franchiſe
Une immenſe & vaſte priſon.

Quel gouffre ſous mes pas s'entr'ouvre !
Quels ſpectres me glacent d'effroi !
L'Enfer ténébreux ſe découvre,
C'eſt Tiſiphone, je la vois.
La terreur, l'envie & la rage
Guident ſon funeſte paſſage ;
Des foudres partent de ſes yeux,
Elle tient dans ſes mains perfides
Un tas de glaives homicides,
Dont elle arme des furieux.

Déja la troupe meurtriére
Commence ſes ſanglans exploits ;
Elle ouvre l'affreuſe carriére
Par le renverſement des Loix.
Contre la force & l'impoſture,
La foi, la candeur, la droiture
Sont des aziles impuiſſans,
Tout céde à l'horrible tempête,
S'il tombe une coupable tête,
On égorge mille innocens.

Tel ſortant du mont de Sicile,
Un torrent de ſouffre enflammé
Engloutit un terroir fertile,

Et ſon habitant allarmé.
Tel un loup fumant de carnage,
Enveloppe dans ſon ravage
Les bergers avec les troupeaux.
Tel étoit moins terrible encore
La fatale boîte, où Pandore
Cachoit à nos yeux tous les maux.

Dans cet odieux parallele
Ne rencontrez-vous pas vos traits,
Magiſtrats d'un nouveau modéle,
Que l'Enfer en courroux a fait?
Vils partiſans de la fortune,
Que les cris du foible importune,
Par qui les bons ſont abattus,
Chez qui la cruauté farouche,
Les préjugés au regard louche
Tiennent la place de vertus.

Nous périſſons, tout ſe dérange,
Tous les états ſont confondus,
Par-tout regne un déſordre étrange,
On ne voit qu'hommes éperdus,
Leurs cœurs ſont fermés à la joie,
Leurs biens vont devenir la proie

De leurs ennemis triomphans.
O déſeſpoir ! notre Patrie
N'eſt plus qu'une mere en furie,
Qui met en piéces ſes enfans.

Je ſens que ma crainte redouble,
Le Ciel s'obſtine à nous punir ;
Que d'objets affligeans me troublent !
Je lis dans le ſombre avenir.
Bientôt les guerres inteſtines,
Les maſſacres & les rapines
Deviendront les jeux des mortels ;
On foüillera le ſanctuaire,
Les Dieux d'une terre étrangére
Vont deshonorer nos autels.

Vieille erreur, reſpect chimérique,
Sortez de nos cœurs mutinés.
Chaſſons le ſommeil létargique,
Qui nous a tenus enchaînés.
Peuples, pendant que la flamme s'apprête,
J'ai déja, ſemblable au Prophéte,
Percé le mur d'iniquité,
Volez, détruiſez l'injuſtice,
Saiſiſſez au bout de la lice
La déſirable liberté.

## SUR LE MÊME SUJET.

VEnus ne connoît plus la joie,
On voit pleurer les jeux, les ris.
Helas! disent-ils, l'on foudroie
Nos plus opulens favoris.

D'encens, de quelque vent frivole,
On repaissoit les immortels,
Tandis que les flots du Pactole
Sans cesse inondoient mes autels.

Plutus étoit inépuisable,
Comus ordonnoit mes ragoûts,
Pour garnir de nectar ma table,
Dieux, je vous faisois jeûner tous.

Aussi nulle beauté rebelle,
Pour mes financiers si cheris.
A Venus pomme d'or nouvelle,
Nouvelle Helene à mes Paris.

Mais je péris par le naufrage,
C'étoit mon meilleur revenu.

Mon

Mon fils, comme un petit ſauvage,
Déſormais vous irez tout nud.

Tant mieux, dit Minerve, j'ai honte
De vous voir tant verſer de pleurs;
Riez, des temples d'Amatonte
On chaſſe les profanateurs.

L'Amour n'avoit plus en partage
L'empire de tout l'univers.
L'Amour étoit en eſclavage,
Plutus avoit doré ſes fers.

Soupirs, doux ſoins, tendre langage,
Source de nos plus purs honneurs,
Depuis ſi long-tems hors d'uſage,
Redeviendront le prix des cœurs.

La ſageſſe que l'on reſpecte,
Pourra même aimer à ſon tour,
L'avarice n'eſt plus ſuſpecte
D'empoiſonner les traits d'amour.

Sachez que j'ai dans mon empire
Un objet de tous révéré;

Amour, il pourra te ſourire,
En voyant ton culte épuré.

Minerve à la tendre Déeſſe
Vous nomme, & l'appaiſe ſoudain.
Vous aimerez, belle Ducheſſe,
Minerve promet-elle en vain?

# CHANSON.

MA charmante Nanette,
J'entens un petit bruit,
C'eſt ton cul qui caquette,
Apprens-moi ce qu'il dit.
Auroit-il reçû quelque injure,
Dont il murmure?
A-t'il quelque chagrin
Contre ſon bon voiſin?

Parlons en confidence,
Ce voiſin ſi mignon
Prend-t'il en patience
Cette eſpéce d'affront?

Je voudrois, quand tu lui lâche
Sur la moustache
Un petit camouflet,
Voir la mine qu'il fait.

## AUTRE

Sur l'Air : *Assis sur l'herbette.*

LA Reine si belle,
Qu'on aime si fort,
Pourquoi ne vient-elle?
Vraiment elle a tort.
Son Loüis soupire
Après ses appas.
Que veut-elle dire
De ne venir pas?

S'il ne la posséde,
Il s'en va mourir,
Portons-y remede,
Allons la quérir.
Hâtons le voyage,
Un siécle doré

En ce mariage
Nous eſt aſsûré.

Mais par quelle route
Aller la chercher ?
Nous n'y voyons goute,
Pourquoi la cacher ?
Aimable anonime,
Viens donc promptement,
La France t'eſtime,
Sans ſavoir comment.

# AUTRE

## *Sur la Mort de Loüis XIV.*

QUel prodige ſurnaturel
En ces lieux va paroître !
Que vois-je ! c'eſt l'homme immortel,
Qui veut ceſſer de l'être.
Tremblez, ô peuples de Sion !
La faridondaine, la faridondon,
Plus d'un malheur je vous prédis, biribi,
A la façon de barbari, mon ami.

La mort ſe préſente à ſes yeux,
  Sous une autre Couronne.
Je le vois qui fait ſes adieux
  A ſa toute mignonne :
Je meurs, dit-il, c'eſt pour raiſon,
La faridondaine, la faridondon,
Vous ſerez Reine à ſaint Denis, biribi,
A la façon, &c.

Il ſe trouve avec le Dauphin,
  Et lui tient ce langage :
Mignon, je vous laiſſe à la fin
  Un charmant héritage ;
Profitez-en, car il eſt bon,
La faridondaine, la faridondon,
Depuis la Paix tout y fleurit, biribi,
A la façon, &c.

Enſuite il parle à ſon Neveu,
  Et lui dit ce qu'il penſe :
Je meurs content, puiſque dans peu
  Vous aurez la Régence ;
Mon teſtament vous en fait don,
La faridondaine, la faridondon,
Mon dernier codicille auſſi, biribi,
A la façon, &c.

Tellier, ſans ſe faire appeller,
S'approche & plein de zéle,
Si vous voulez, dit-il, aller
A la gloire éternelle,
Laiſſez-moi la commiſſion,
La faridondaine, la faridondon,
De remplir vos devoirs ici, biribi,
A la façon, &c.

Le Roi répond, je le veux bien,
Nommez aux Bénéfices;
Je vous connois homme de bien,
Sans fraude & ſans malice.
Ah! Sire, que vous êtes bon!
La faridondaine, la faridondon,
Dit le Confeſſeur attendri, biribi,
A la façon, &c.

Loüis voyant ſa Cour en pleurs,
Lui parle & la conſole.
Adieu pour toûjours, je me meurs,
Car je perds la parole,
Alors ſe tait le grand Bourbon,
La faridondaine, la faridondon,
Laiſſant à penſer bien de lui, biribi,
A la façon, &c.

François, préparez-vous au deüil,
Je le vois qu'il expire.
Il entre enfin dans le cercüeil
En Héros qu'on admire.
Plongez-vous dans l'affliction,
La faridondaine, la faridondon,
Puiſque vous perdez tout en lui, biribi,
A la façon, &c.

Je vois Philippe au Parlement
Demander la Régence.
Doit-il y paroître content?
Il n'aura rien, je penſe.
Car, ſuivant ma prédiction,
La faridondaine, la faridondon,
Le teſtament ſera ſuivi, biribi,
A la façon, &c.

Peuples, courez voir en pleurant
L'honneur du diadême.
La mort dans ſon char triomphant
A ſaint Denis l'enmene;
Que de filles ſe ſouviendront!
La faridondaine, la faridondon,
D'avoir vû ſon convoi de nuit, biribi,
A la façon, &c.

Helas! falloit-il qu'il mourut
 Ce Prince tant aimable?
Son zéle pour notre ſalut
 Etoit inconcevable.
Avec la Conſtitution,
La faridondaine, la faridondon,
Il nous menoit en Paradis, biribi,
A la façon, &c.

Sa ſageſſe & ſon équité
 Brilleront dans l'hiſtoire.
Par lui le mérite exalté
 En publiera la gloire,
Et du Perou juſqu'au Japon,
La faridondaine, la faridondon,
On ne parlera que de lui, biribi,
A la façon, &c.

Si vous étiez chargés d'impôts,
 Il n'en étoit point cauſe:
Il déſiroit notre repos,
 Pouvoit-il autre choſe?
Vous lui faiſiez compaſſion,
La faridondaine, la faridondon,
Il ſongeoit plus à vous qu'à lui, biribi,
A la façon, &c.

Vous alliez vivre tous heureux
Dans une paix profonde;
Son ardeur à combler nos vœux
L'auroit renduë féconde;
C'étoit là ſon ambition,
La faridondaine, la faridondon,
Mais voilà votre eſpoir détruit, biribi,
A la façon, &c.

Il eut, ſenſible à vos beſoins,
Fait regner l'innocence,
Il eut rétabli par ſes ſoins
Bientôt la confiance.
Il y travailloit tout de bon,
La faridondaine, la faridondon,
Avec Deſmarêts & Berci, biribi,
A la façon, &c.

Pour faire circuler l'argent,
Il aimoit la dépenſe.
Sa parole étoit du comptant,
Tout alloit bien en France.
Chacun charmé d'un Roi ſi bon,
La faridondaine, la faridondon,
Diſoit par-tout, vive Loüis, biribi,
A la façon, &c.

Ainſi reſpectez Deſmarêts,
  Son Miniſtre fidéle.
Reconnoiſſez à ſes arrêts
  Son mérite & ſon zéle.
Et pour la veuve de Scarron,
La faridondaine, la faridondon,
Ayez bien du reſpect auſſi, biribi,
A la façon, &c.

❦

Aimez le Pere le Tellier,
  Suivez ſon Evangile;
Croyez Fagon dans ſon métier
  Auſſi ſavant qu'habile.
Fuyez Queſnel & ſes leçons,
La faridondaine, la faridondon,
Proſternez-vous devant Biſſi, biribi,
A la façon, &c.

❦

Paſſans, ci gît Loüis le Grand,
  Qui fit plus qu'Alexandre;
Quand il mourut, ce conquerant,
  N'avoit plus rien à prendre.
Homme, femme, fille & garçon,
La faridondaine, la faridondon,
Dites *De profundis* pour lui, biribi,
A la façon, &c.

# IMPROMPTU.

TOut le monde ici critique,
En voyant paſſer les Sceaux
Dans les mains d'un fanatique,
Qui ſupplante Dagueſſeau.
Mais le coup partant d'un borgne,
Sans peine on peut concevoir
Que c'eſt un tireur qui lorgne
Et viſe du blanc au noir.

# AUTRE.

QU'on ruine la finance
Du pauvre Peuple badaut;
Que le Régent de la France
Soutire un autre tonneau;
Qu'à Noailles l'on permette
De piller impunément,
Pourvû qu'après on le mette
A la place du Normand.

# VAUDEVILLES.

La Bulle a plus d'un défaut,
Qu'on chante aujourd'hui tout haut
Et contre la Foi,
Et contre le Roi.
J'en dirois plus encor, eh quoi?
Mais trop longue eſt la fable,
Celle *in Cœna Domini*,
*Et lunam ſanctam* auſſi,
Que nous rejettons,
Que nous déteſtons,
Ne ſont pas plus mauvaiſes,
Leurs ménaces nous mépriſons,
Ce ſont toutes fadaiſes.

Concile national,
Vous ne ferez plus de mal,
L'horrible deſſein!
Du grand Chauvelin:
Pour vous prêter main forte,
Dieu le renverſe un beau matin
Et toute ſa cohorte.
Le beau mignon de Rohan,

Ce ballon rempli de vent,
Eſt pris par le bec,
Fut-il de Lamec,
Autant par la naiſſance,
Que de Conan Mériadec,
La véritable engeance.

Que dirons-nous de Biſſy?
Pour moi j'en dirai fi, fi.
L'hiard fâcheux,
L'hiard furieux,
Pour ſupplanter Noailles,
Faiſoit le manége odieux
D'Evêque de Verſailles.

Le Prélat de Montpellier
N'a rien voulu publier;
Ah! qu'il a bien fait;
Son procédé net
Le rend très-reſpectable:
Et ſi ſon ouvrage il parfait,
Il eſt incomparable.
Partiſans de Molina,
Vous puez comme ka ka.
Noailles dément

Le Pape Clément.
Diſciple de Sfondrate,
Il reçut au Parlement
Un vilain coup de pate.

L'audacieux le Tellier,
Qui nous faiſoit tous plier,
Honteux & confus,
Ne ſe verra plus
Traiter de révérence;
Car le voilà, dit-on, exclus
Du conſeil de conſcience.

Vers le Pape avec honneur,
Targni docte, ou bien Docteur,
Envoyé du Roi,
Revient chez Louvoi,
Et ne comprend pas comme
Il trouve tout en deſaroi
A ſon retour de Rome.

Retirez-vous à Pamprou,
Peres, dont nous avons prou.
Tallement, Doucin,
Daniel, Hardoüin,

Et vous, grand Tournemine,
Esprit & cœur Ultramontain,
Vous faites triste mine.

L'instruction des Prélats,
Dont ils faisoient si grand cas,
Est *à remotis*,
Et tous interdits
D'une démarche lente
Nos Seigneurs les quarante.

Pontchartrain, l'eusse-tu cru?
Dom Jerôme est revenu.
On revoit ici
Thierry, Dabissy,
Tarquois, Habert, Vitasse,
Bragelone & Bidal aussi,
Qui reprendront leur place.
Quel revers souffre en ce tems
Le Correcteur des Feüillans,
Ce futur Prélat,
Cet imposteur fat,
Cet homme nécessaire;
Hériau que fortune abat,
Déplore sa misére.

Nos Prélats & nos Docteurs,
Revenus de leurs frayeurs,
S'en vont en repos
Gaillards & dispos
Nous prêcher l'Evangile,
Auquel ils ont tourné le dos
Dans un tems moins facile.

Les savans & bons Curés,
Heureusement délivrés,
Des déclamateurs,
Des délateurs
Réformeront les théses
Des Mandarins Prédicateurs,
Qui s'emparent des chaises.
Enfin, l'Eglise & l'Etat
Vont reprendre leur éclat.
On verra la Paix
Regner désormais
En tous lieux dans la France,
Et l'on ne se plaindra jamais
De la sage Régence, lon la
De la sage Régence.

CHAN-

# CHANSON LIBRE

*Sur l'Air du Branle de Mets.*

LE Dieu d'Amour à Cythère
Vient d'ouvrir son Jubilé ;
Tout Amant est appellé
A l'Indulgence Pléniére :
Belle Iris, pour en tâter
Je sai la bonne maniére,
Belle Iris, &c.
Faut à moi s'en rapporter.

Je veux faire sur ta bouche
D'abord une station ;
Mais à ma dévotion
Garde-toi d'être farouche ;
Il faut qu'un même désir
Egalement ton cœur touche,
Il faut, &c.
Nous fasse un commun plaisir.

Là ma priére finie,
Je poursuivrai mon chemin,
Et j'irai sur ton blanc sein

Dire aussi ma Litanie.
En parcourant tous les lieux
De cette terre choisie,
En parcourant, &c.
On fait office pieux.

Bref pour station derniére,
Descendant un peu plus bas,
J'irai sur d'autres appas
Finir ma sainte carriére;
Mais il faut un cœur bien droit
Pour se tirer là d'affaire,
Mais il, &c.
En entrant dans cet endroit.

C'est un temple tout d'ébéne
Sur un double piédestal,
Dont la porte de coral
Ne semble s'ouvrir qu'à peine;
Mais moins le passage est grand,
Quand un bon motif y mene;
Mais moins, &c.
Mieux on se trouve dedans.

Pour lors le temple facile

Daigne à nos vœux ſe prêter;
Vous le voyez s'agiter
Sur ſon fondement mobile:
Une ſource de plaiſirs
De la voute enfin diſtile,
Une ſource, &c.
Eteint nos brûlans déſirs.

Pour faire œuvre méritoire,
J'adreſſerai dans ce lieu,
En remerciant le Dieu,
Oraiſon jaculatoire.
Par plus d'une aſperſion
J'arroſerai l'Oratoire,
Par plus, &c.
Je finirai l'oraiſon.

# CHANSON

*Sur le Miſſiſipi.*

CHantons tous l'établiſſement
De la Compagnie d'Occident,
Lon lan la derirette,
Autrement de Miſſiſipi,
Lon lan la deriri.

Pour lui donner plus de crédit,
On met à la tête un proſcrit,
Lon lan la derirette,
Qu'on voulut pendre en ſon Païs,
Lon lan la deriri.

✳

Noailles de ſon cabinet
A fait ſortir ce grand projet,
Lon lan la derirette,
Qu'il eſt beau d'avoir de l'eſprit!
Lon lan la deriri.

✳

Le Pays n'eſt point habité;
Mais il ſera bien fréquenté,
Lon lan la derirette,
Peut-être dans cent ans d'ici,
Lon lan la deriri.

✳

Des filles on y enverra,
Et d'abord on les mariera,
Lon lan la derirette,
Si on leur trouve des maris,
Lon lan la deriri.

✳

Les mines on y foüillera,

Car ſans doute on en trouvera,
 Lon lan la derirette,
Si la nature y en a mis,
 Lon lan la deriri.

✱

Nos billets vont être payés,
Car les fonds en ſont aſsûrés,
 Lon lan la derirette,
Sur l'or qu'elles auront produit,
 Lon lan la deriri.

✱

Croizat, qui n'aime point l'argent,
Craignant d'être trop opulent,
 Lon lan la derirette,
A laiſſé le Miſſiſipi,
 Lon lan la deriri.

✱

Pour policer ce grand Pays,
On va faire bien des Edits,
 Lon lan la derirette,
On en, &c.
 Lon lan la deriri.

✱

Pour premier établiſſement,
On enverra le Parlement,

Lon lan la derirette,
Qui ne nous ſert de rien ici,
Lon lan la deriri.

❋

Des farceurs on y menera,
Du Coudrai ſon rôle y joüera,
Lon lan la derirette,
Pour réjoüir Miſſiſipi,
Lon lan la deriri.

Noailles aura ſoin d'enſeigner
La maniére de gouverner,
Lon lan la derirette,
Et celle de détruire auſſi,
Lon lan la deriri.

Des rentes on aſſignera,
Et puis on les ſupprimera,
Lon lan la derirette,
On s'en paſſera, Dieu merci,
Lon lan la deriri.

Le Pape même y envoyera
La Foi, la Bulle & *cætera*,
Lon lan la derirette,

Par le Cardinal de Biſſi,
Lon lan la deriri.

Tous les jeux on y défendra,
Lanſquenet, pharaon, hoca,
Lon lan la derirette,
Comme on l'obſerve dans Paris,
Lon lan la deriri.

## AUTRE CHANSON

*Sur le même Air.*

CElébrons tous inceſſanment
Le glorieux gouvernement,
Lon lan la derirette,
De nos Princes du Ciel chéris,
Lon lan la deriri.

L'aveugle a le rang au-deſſus,
Le borgne ſuit, puis le boſſu,
Lon lan la derirette,
Un boiteux y prend place auſſi,
Lon lan la deriri.

Ne difons rien de l'Amiral,
Car il ne fait ni bien ni mal,
Lon lan la derirette,
Quelquefois il eſt applaudi,
Lon lan la deriri.

Après eux vient le Chancelier,
Qui ſe pique de bien parler,
Lon lan la derirette,
Et ne ſait ſouvent ce qu'il dit,
Lon lan la deriri.

Nos Pairs, dont parle chaque Edit,
Les autres Notables auſſi,
Lon lan la derirette,
Paroiſſent dans le rang qui ſuit,
Lon lan la deriri.

D'abord eſt le petit Simon,
Qui tout d'un coup eſt furibon,
Lon lan la derirette,
Quand un Juge eſt ſur le tapis,
Lon lan la deriri.

Près de lui le Grand-Marêchal,

Dont la perruque eſt le ſignal,
Lon lan la derirette,
De ce qu'il blâme ou applaudit,
Lon lan la deriri.

Puis Tallard en vieux Courtiſan,
Voudroit obſerver le Régent,
Lon lan la derirette,
Mais il ne voit pas juſqu'à lui,
Lon lan la deriri.

Ainſi qu'un ſanglier courut,
Le gros Béſons toûjours bourru,
Lon lan la derirette,
Eſt du dernier avis qu'on dit,
Lon lan la deriri.

Vient le Relaps impertinent,
Qui voudroit ſe rendre important,
Lon lan la derirette,
Et que tout pût paſſer par lui,
Lon lan la deriri.

Le Pelletier d'un air pédant,
Veut marmoter entre ſes dents,

Lon lan la derirette,
Perſonne n'eſt plus au logis,
Lon lan la deriri.

De Torcy aime à jaboter,
Mais ſouvent las de l'écouter,
Lon lan la derirette,
On compte pour peu ce qu'il dit,
Lon lan la deriri.

On voit un petit potiron,
Qui grifonne ſur un chifon,
Lon lan la derirette,
Toutes les ſottiſes qu'on dit,
Lon lan la deriri.

Ce beau Conſeil eſt terminé
Par un véritable uſurier,
Lon lan la derirette,
Qui s'eſt placé là par dépit,
Lon lan la deriri.

## AUTRE

Sur l'Air : *Lere, la, lere, &c.*

PH... est un joli mignon,
Qui se soule comme un cochon,
Les soirs avec la Parabére,
Lere, &c.

Sa grosse fille la Berry,
Toûjours armée d'un grand v..
F... par devant & par derriére,
Lere, &c.

Il croit qu'il a de la vertu,
Parce qu'il ne f... pas en cu,
Comme défunt Monsieur son Pere,
Lere, &c.

Bourbon veut les bâtards chasser,
Il seroit bien mieux de sangler
Sa laide jument pouliniére,
Lere, &c.

Pour Conti c'est un polisson,
Quelle f.... race Bourbon,

Nous a laissé Monsieur son Pere,
Lere, &c.

La pauvre Constitution
N'est plus qu'une Marie Chifon,
Très-propre à torcher mon derriére,
Lere, &c.

Les Jésuites sont déconfits,
On les verra bientôt tapis
Dans le c.. de notre S. Pere,
Lere, &c.

# NOËLS NOUVEAUX.

*Tous les Bourgeois de Chartres.*

TOute la Cour de France,
Les grands & les petits,
Apprenant la naissance
Du Dieu de Paradis,
S'en vont à Bethléem,
Le Régent à leur tête,
Qui voyant le poupon, don, don,
Est-ce pour celui-là, la, la,
Qu'on fait si grande fête?

Appercevant Marie,
Si gracieuſe à voir,
Il lui dit, je vous prie
A ſouper pour ce ſoir:
Venez chez la Berry,
Vous ferez bonne chére;
Nous nous enyvrerons, don, don,
Nocez même y ſera, la, la,
Et non la Parabére.

Plus grave que Socrate
Le Chancelier entra,
Et Fleury ſon Achate
Près de lui ſe montra,
De vous & du Régent
Je ne veux que la grace;
Mais à condition, don, don,
Qu'on ne me ſonnera, la, la,
Que la grace efficace.

D'un ton de Pédagogue
Il dit au Dieu naiſſant,
Contre la Sinagogue
Arme ton bras puiſſant,
Renverſe pour jamais

Cette Eglise profane;
Mais grace à nos canons, don, don,
Il n'endommagea pas, la, la,
L'Eglise Gallicane.

Après la politique,
Tallard s'est approché,
En disant, la critique
Deux ans m'a délaissé.
Je frondois justement
Ce qu'on faisoit en France;
Mais j'ai changé de ton, don, don,
Depuis six mois ençà, la, la,
J'admire la Régence.

A Jesus-Christ d'Uxelles
Ne croyant nullement,
Dit, foin de vos cervelles,
Foin du Gouvernement.
Ce Diable de Régent
Veut tout perdre, ou je meurs,
Par la morbleu quittons, don, don,
Content de ce bruit là, la, la,
Le Maréchal demeure.

Suivi de ſa Cohorte,
Saint Simon Choubreau
S'écria de la porte,
He! quoi, point de Carreaux!
Nous voulons ſoutenir
Les droits de la Patrie,
Ici nous proteſtons, don, don,
Que nous n'adorons pas, la, la,
Le Dieu fils de Marie.

Sur le bruit que des Anges
Paroiſſoient dans ces lieux,
Et chantoient les loüanges
Du Souverain des Cieux,
Canillac dit preſſé
D'aller à leur rencontre,
Où ſont ces beaux garçons, don, don?
Je ne les vois pas là, la, la,
Vite qu'on me les montre.

Du fond de ſa cahure
Vint l'Evêque de Laon,
Qui dit ſur la diſpute,
Seigneur, voyez mon plan.
Je ne prends point parti,

Comme sont tous les autres,
Car tantôt je dis non, don, don,
Et puis après, oüi dà, la, la,
Suivant qu'il plaît aux autres.

Arrivant d'Angleterre
L'Ambassadeur du Bois,
En mettant pied à terre,
Apperçut les trois Rois.
Faisons vite un traité,
Dit-il, avec ces Princes;
Offrons des millions, don, don,
S'ils ne suffisent pas, la, la,
Lâchons quelques Provinces.

Grosse à pleine ceinture
La féconde Berry,
Dit en humble posture,
Et le cœur bien contrit,
Seigneur, je n'aurai plus
Les mœurs aussi gaillardes,
Je ne veux que Riom, don, don,
Quelquefois le Papa, la, la,
Et rarement mes Gardes.

Des

Des premiers à la crêche
Arriva Mortemart,
Avec mine très-ſéche
Et farouche regard,
Diſant, je veux ici
Me garder de ſurpriſe,
Les bâtards y viendront, don, don,
Et je ne prétends pas, la, la,
Leur céder la chemiſe.

# DISCOURS

QUE DEVOIT PRONONCER

## Mr. L'ABBÉ SEGUI,

*Pour sa Réception à l'Academie Françoise.*

MESSIEURS,

VOus couronnez aujourd'hui votre Ouvrage ; après m'avoir *doté*, vous m'*adoptez*. (*a*) Puis-je trop *reconnoître* des bienfaits qui m'ont fait *connoître*? D'une pro-

(*a*) Le Panégirique de S. *Loüis*, prononcé à l'Academie Françoise, valut à l'Abbé *Segui* une Abbaïe, que cette Compagnie obtint pour lui. Quand il alla demander à Mr. *Danchet* son suffrage pour l'Academie, il lui dit, qu'il sembloit qu'elle l'eût déja adopté : *Dites plûtôt*, lui repliqua Mr. Danchet, *qu'elle vous a doté.*

fonde obſcurité, (*b*) je paſſe tout à coup dans le plus grand jour. Il m'éblouït ſur moi-même; il m'éclaire ſur vos mérites. En m'aſſociant à vous, je ſens que je deviens un nouvel homme. Tout ce qui me reſtoit de ténébres s'évanoüit, ou s'épure, & je joüis d'une Apothéoſe anticipée.

Placé au faîte du Temple de la Gloire, je ne vois plus le reſte des Ecrivains que comme des atômes. Le Barreau, la Chaire, le Théâtre reclament en vain leurs prétendus Illuſtres; leurs Ouvrages ſont tarés à mes yeux, & ne paſſeront qu'en fraude à la poſtérité, tant qu'ils ne ſeront pas plombés de votre Sceau de l'Immortalité. (*c*)

Oüi, Meſſieurs, je ſoutiens avec votre *ſincére Hiſtorien*, (*d*) que vous poſſédez ce que le ſiécle peut citer

(*b*) Il n'étoit que ſimple Aumônier du Collége de *Beauvais*, à 300. livres de penſion.

(*c*) C'eſt la Deviſe de l'Academie Françoiſe.

(*d*) L'Abbé d'*Olivet*.

de meilleur en tout genre, Poëtes, Orateurs, Hiſtoriens, Critiques. Nul vrai talent, qui ne ſoit dans l'Academie, ou qui ne lui ſoit deſtiné. J'entre dans vos ſentimens; depuis long-tems je me les ſuis appropriés, & par-là je ſuis devenu à peu près digne de vous.

Plus heureux que l'illuſtre Abbé *Cotin*, le grand titre d'*Academicien* amenera déſormais la foule à mes Sermons, que perſonne ne venoit entendre. Ainſi l'honneur que vous m'avez fait intéreſſe la Réligion. Cet honneur que les *Mabouls*, les *du Jarys*, les *Anſelmes*, les *Prévots*, (*e*) par le mérite de leurs Prédications & par tous leurs funébres Panégiriques, n'ont pû obtenir, je l'obtiens moi, par un ſeul *Diſcours*, (*f*) objet de

(*e*) Celui-ci n'eſt pas l'Auteur de *Manon Leſcot*.

(*f*) L'Oraiſon funébre du Maréchal *de Villars*, dont l'Abbé *Segui* fut chargé, au défaut du Pere *Tournemine*, qui ne voulut pas réformer dans la ſienne des traits ſatiriques contre les dévots *Pariſtes*.

l'injuſtice & du mépris du public, dont votre choix, Meſſieurs, me venge glorieuſement.

C'eſt à moi aujourd'hui de m'aquitter de tout ce que je vous dois par un noble & heureux tiſſu de loüanges. La loüange, Meſſieurs, eſt la monnoie courante dans votre empire : par elle on ſatisfait ici à tous ſes engagemens; frapée à différens coins, elle ſouffre mille refontes nouvelles.

Tout eſt dit ſur *Richelieu*, votre Fondateur, ſur votre Protecteur *Seguier*, & ſur le Grand Monarque, à qui vous devez votre principale illuſtration.

J'ai peu de choſe à dire de mon Prédéceſſeur; (*g*) ſa mémoire eſt trop récente pour me laiſſer le droit d'imaginer. (*h*) S'il n'a rien écrit qui

(*g*) Mr. *Adam*, qui avoit été Valet de chambre de Mr. le Duc de *Chaulnes*.

(*h*) Son éloge eſt fait tout d'abord :
*Adam vivoit, Adam eſt mort.*

ſoit connu, comptons-lui le mérite de la modeſtie. Quelle autre cauſe peut-on donner du ſilence d'un Academicien ?

Mais pourquoi m'occupai-je d'objets qui ne ſont plus, tandis que les objets préſens épuiſent mon admiration ? Me ſera-t'il permis, Meſſieurs, à l'exemple du célébre *la Bruyére*, de crayonner une partie des Grands Hommes qui compoſent aujourd'hui votre illuſtre Corps ? Dans mes peintures, je n'emprunterai rien de lui ; j'ai à peindre des Perſonnages bien différens.

Il eſt des traits marqués que le pinceau ſaiſit d'abord. Il en eſt de délicats & de fins, &, pour ainſi dire, de caprice, que la nature s'eſt plû de former, & que l'art a plus de peine à rendre. Suppléez donc, Meſſieurs, à ma foibleſſe, & contentez-vous de l'Eſquiſſe que j'oſe vous préſenter.

Je peindrai légérement ce joli Naturaliſte de nos jours, (*i*) dont la ſagacité ſert la galanterie, ce *Pline François*, cet ingénieux Hiſtoriographe des *Dieux miaulans de l'Egypte*, que vous avez ſi librement reçû & ſi cordialement conſervé. Je décorerai d'une couronne cinique ce grand Philoſophe, (*k*) qui a ſi bien mérité de la Patrie par ſa docte Apologie des *Billets de Banque* & par les aménités de ſon *Purgatoire*. Je lui joindrai cet affable Miniſtre (*l*) de *Plutus*, qui ayant mis les Finances à la teinture des *Muſes*, adoucit la rigueur des tributs par ſes maniéres humbles, modeſtes & polies, & n'eſt pas encore eſtimé le *Dixiéme* de ce qu'il vaut. Je releverai la pourpre de ce Magiſtrat, (*m*) qui a ſi long-tems égayé la ſévére *Themis*, & qui, à

(*i*) Mr. *Demoncrif*, Auteur de l'Ouvrage intitulé, *les Chats*.

(*k*) L'Abbé *Terraſſon*, Auteur du Roman de *Sethos*.

(*l*) Mr. *Mallet*, principal Directeur du *Dixiéme*.

(*m*) Le Préſident *Hainault*.

l'exemple du célébre *Coulange*, a ſacrifié au tendre *Vaudeville* la faſtidieuſe étude de la chicanne. A côté de ce Grand Homme je placerai l'illuſtre *Maître*, (*n*) qui rend au Public des *Comptes* ſi fidéles de ſes talens : Génie heureux, qui nous a exprimé toute l'énergie de l'*Homére* des *Anglois*; (*o*) modéle des traducteurs & modéle ſi accompli, que l'envie n'a pû armer contre ce chef-d'œuvre, que l'incrédulité, qu'une ſuppoſition de part, & que l'allégation d'un enfantement étranger.

Auprès de ces rians & agréables Auteurs je placerai, par un favorable contraſte, des Savans du premier ordre, tels que ce *Saumaiſe* moderne, (*p*) cet Homme ſi profond en *Hébreu* & en *Grec*, qu'il ſemble avoir ſacrifié à ces deux langues le talent

(*n*) Mr. *Dupré* de S. Maur, Maître des Comptes.

(*o*) La traduction de *Milton*, par Mr. *Dupré*, a été revendiquée par Mr. de *Boiſmorant* & autres.

(*p*) L'Abbé *Sallier*.

qu'il avoit pour apprendre la nôtre. J'irai enſuite chercher dans l'Antiquité le *Géryon à trois têtes*, pour peindre d'après lui cet Homme vénérable (*q*) inſcrit des premiers ſur votre Liſte, & qui réünit en lui trois hommes differens, le Magiſtrat, l'Eccléſiaſtique, le Lettré. Ses vertus allégoriques ſeroient le ſujet de plus de tableaux & d'eſtampes, qu'il n'en a laiſſé dans la plus riche Biliothéque de l'univers.

Quelles Provinces éloignées, quelles Villes, quelles Bourgades ignorent un nom glorieuſement imprimé tous les mois ? Je parle du judicieux Approbateur (*r*) du *Mercure*, qui, pour ainſi dire, en partage la gloire avec l'Auteur, & qui d'ailleurs s'eſt immortaliſé par ſon *Hiſtoire du Berger Daphnis.*

O vous, *Sophocle* de notre ſié-

(*q*) L'Abbé *Bignon.*

(*r*) Mr. *Hardion.*

cle, (s) qui ſouteniez autrefois le Théâtre, & faiſiez ſuccéder avec tant de rapidité vos Ouvrages les uns aux autres, hâtez-vous encore; achevez cette Tragédie commencée & attenduë depuis dix ans. (t) Le titre d'Academicien eſt-il un poids qui vous arrête? Jaloux de la correction craignez-vous de hazarder des fruits précoces? Une circonſpection politique a-t'elle rompu votre commerce avec des fugitifs (u) ſuſpects? On vous permet de renoüer ces rélations néceſſaires à la Scéne & à votre gloire.

Puiſſe ainſi mon zéle pour l'honneur de l'Academie juſtifier le choix dont elle m'honore! Quelle gloire pour moi d'avoir obtenu la préférence! Vous m'avez fait grace, Meſſieurs, il eſt vrai; faites-moi celle de ne vous en point repentir; l'exem-

(s) Mr. *Crebillon*, le Pere.
(t) Catilina.
(u) Les Chartreux d'Utrecht.

ple de ce choix excitera l'émulation. Que de dignes Aſpirans vont déſormais ſe préſenter à vos Portes !

Ouvrez-les au ſavant Compilateur (*x*) des *Cauſes célébres ;* au délicat & judicieux *Annaliſte du Théâtre François ;* (*y*) au fécond Hiſtorien (*z*) des Accouchemens & des Enterremens de *Paris*, dont le diſcernement, l'eſprit & la politeſſe brillent périodiquement quatorze fois chaque année ; enfin, à l'ingénieux & très-humble Auteur de la Tragédie d'*Abenzaïd* : (*a*) Ouvrez-les à ce lirique Véteran, (*b*) dont *Paris* vient d'admirer le ſublime génie dans la correction de l'Ouvrage imparfait (*c*) d'un de vos Confreres décédés. Si le Public vous reproche d'avoir aban-

(*x*) Mr. *Guyot de Pitaval.*
(*y*) Mr. *de Beauchamps.*
(*z*) Mr. *de la Roque*, Auteur du *Mercure de France.*
(*a*) L'Abbé *le Blanc.*
(*b*) Mr. *de la Serre.*
(*c*) Opera de *Scanderberg*, qui a échoüé.

donné à des mains étrangéres les Enfans posthumes de l'illustre *Houdart*, il vous demande au moins pour leur Curateur la recompense de leur avoir redressé les Membres, de leur en avoir ajoûté de nouveaux & de leur avoir procuré en trois mois une fortune éclatante.

Vous placerez aussi parmi vous *le Scuderi* de notre âge, cet inépuisable Auteur, (*d*) ce millionaire de Vers, ce vénérable Prêtre d'*Apollon*, occupé depuis trente ans à desservir l'Opera, comme le chef-lieu de son bénéfice, sans négliger les chapelles confiées à ses soins.

Voilà les hommes votables, les sujets capables de maintenir la Compagnie dans tout son lustre. Mais, helas ! ils ne pourront y entrer qu'elle ne perde quelqu'un des prétieux Membres qui la composent aujourd'hui, comme cela a été très-savan-

(*d*) L'Abbé *Pellegrin*, nommé communément, le *Chapelin de l'Opera*.

ment démontré, il y a deux ans, dans un excellent Discours (*e*) prononcé en ce lieu. C'est ainsi que l'Academie, par un privilége admirable, perd lorsqu'elle gagne, & gagne lorsqu'elle perd.

Soyez persuadés, Messieurs, que personne ne sera plus zélé que moi pour le maintien de vos saintes loix, dictées par la Réligion, par la sagesse & par la probité, & sur-tout du Statut édifiant, qui ordonne que toute place d'Academicien sera honnêtement sollicitée, de peur qu'un si auguste Corps ne se voie exposé à l'ignominie d'un modeste refus. Que l'Episcopat, que l'Ordre du Saint-Esprit, que le Trône même ne se croyent pas deshonorés par de pareils refus, qu'ils ont quelquefois essuyés. Pour vous, Messieurs, qui avez sur l'honneur des délicatesses imperceptibles, l'exemple de ce

(*e*) A la Réception du Duc *de Villars*

qu'il y a de plus grand ne ſera jamais un modéle pour vous, parce que vous êtes le ſel de la terre, *vos eſtis ſal terræ* : ce ſel, Meſſieurs, vous préſervera à jamais de la corruption dans ce monde, & dans l'autre que je vous ſouhaite. Ainſi ſoit-il.

# LE MONDAIN.

REGRETTERA qui veut le bon vieux tems,
Et l'âge d'or, & le regne d'Aſtrée,
Et les beaux jours de Saturne & de Rhée,
Et le jardin de nos premiers Parens ;
Moi, je rends graces à la nature ſage,
Qui, pour mon bien, m'a fait naître en cet âge
Tant décrié par nos pauvres Docteurs :
Ce tems profane eſt tout fait pour mes mœurs.
J'aime le luxe & même la moleſſe,
Tous les plaiſirs, les arts de toute eſpéce,
La propreté, le goût, les ornemens ;
Tout honnête homme a de tels ſentimens.
Il eſt bien doux pour mon cœur très-im-monde

De voir ici l'abondance à la ronde,
Mere des arts & des heureux travaux,
Nous apporter de sa source féconde
Et des besoins & des plaisirs nouveaux.
L'or de la terre, & le trésor de l'onde,
Leurs habitans, & les peuples de l'air,
Tout sert au luxe, aux plaisirs de ce monde;
Ah! le bon tems que ce siécle de fer!
Le superflu, chose très-nécessaire,
A réüni l'un & l'autre hémisphére.
Voyez-vous par ces agiles vaisseaux,
Qui du Texel, de Londres, de Bordeaux
S'en vont chercher par un heureux échange
De nouveaux biens, nés aux sources du Gange?
Tandis qu'au loin, vainqueurs des Musulmans,
Nos vins de France enyvrent les Sultans.
Quand la nature étoit dans son enfance,
Nos bons ayeux vivoient dans l'innocence,
Ne connoissant ni le *tien*, ni le *mien*;
Qu'auroient-ils pû connoître? ils n'avoient rien;
Ils étoient nuds, & c'est chose très-claire,
Que qui n'a rien, n'a nul partage à faire.

Sobres

Sobres étoient, ah! je le crois encor,
Martialo n'eſt point du ſiécle d'or.
D'un bon vin frais ou la mouſſe, ou la ſéve
Ne grata point le triſte goſier d'Eve.
La ſoie & l'or ne brilloient point chez eux,
Admirez-vous pour cela nos ayeux?
Il leur manquoit l'induſtrie & l'aiſance,
Eſt-ce vertu? C'étoit pure ignorance.
Quel idiot, s'il avoit eû pour lors
Quelque bon lit, auroit couché dehors?
Mon cher Adam, mon vieux & triſte pere,
Je crois te voir en un recoin d'Edein,
Groſſiérement forger le genre humain,
En tourmentant Madame Eve ma mere.
Deux ſinges verds, deux chévres, pieds fourchus,
Sont moins hideux au fond de leur feüillée.
Par le ſoleil votre face hâlée,
Vos bras velus, votre main écaillée,
Vos ongles longs, craſſeux, noirs & crochus,
Votre peau biſe, endurcie & brûlée,
Sont les attraits, ſont les charmes flateurs,
Dont l'aſſemblage allume vos ardeurs.

Bientôt laſſés de leur belle avanture,
Deſſous un chêne ils ſoupent galanment,
Avec de l'eau, du millet & du gland.
Le repas fait, ils dorment ſur la dure,
Voilà l'état de la pure nature.

Or maintenant, voulez-vous, mes amis,
Savoir un peu dans nos jours tant maudits,
Soit à Paris, ſoit à Londres, ou dans Rome,
Quel eſt le train des jours d'un honnête homme?
Entrez chez lui; la foule des beaux arts
Enfans du goût, ſe montre à vos regards.
De mille mains l'éclatante induſtrie
De ces dehors orna la ſimmétrie.
L'heureux pinceau, le ſuperbe deſſein
Du doux Correge & du ſavant Pouſſin
Sont encadrés dans l'or d'une bordure;
C'eſt Bouchardon qui fit cette figure,
Et cet argent fut poli par Germain;
Des Gobelins l'aiguille & la teinture
Dans ces tapis égale la peinture;
Tous ces objets ſont vingt fois repétés
Dans des trumeaux tout brillans de clartés.
De ce ſalon je vois par la fenêtre
Dans des jardins des mirthes en berceaux;

J'en vois jaillir les bondiſſantes eaux;
Mais du logis j'entends ſortir le Maître.
Un char commode, avecque grace orné,
Par deux chevaux rapidement traîné,
Paroît aux yeux une maiſon roulante,
Moitié dorée & moitié tranſparente:
Nonchalanment je l'y vois promené;
De deux reſſorts la liante ſoupleſſe
Sur le pavé le porte avec moleſſe:
Il court au bain, les parfums les plus doux
Rendent ſa peau plus fraîche & plus polie.
Le plaiſir preſſe, il vole au rendez-vous,
Chez Camargo, chez Gauſſin, chez Julie,
* - - - - - - - - - -
Le tendre amour l'enyvre de faveurs.
Il faut ſe rendre à ce Palais magique, †
Où les beaux Vers, la danſe, la muſique,
L'art de tromper les yeux par les couleurs,
L'art plus heureux de ſéduire les cœurs,
De cent plaiſirs font un plaiſir unique.
Il va ſiffler le Jaſon de Rouſſeau,
Ou, malgré lui, court admirer Rameau.

* Il manque ici un Vers, qui ne s'eſt point trouvé dans la Copie.

† L'Opera.

Allons ſouper ; que ces brillans ſervices,
Que ces ragoûts ont pour moi de délices !
Qu'un cuiſinier eſt un mortel divin !
Eglé, Cloris me verſent de leur main
Un vin d'Aï, dont la mouſſe preſſée,
De la bouteille avec force élancée,
Comme un éclair fait voler ſon bouchon,
Il part, on rit, il frappe le plat-fond.
De ce vin frais l'écume pétillante,
De nos François eſt l'image brillante.
Le lendemain donne d'autres déſirs,
D'autres ſoupers & de nouveaux plaiſirs.
Or maintenant, Mentor & Télémaque,
Vantez-nous bien votre petite Itaque,
Votre Salente, & ces murs malheureux,
Où vos Crétois triſtement vertueux,
Pauvres d'effet & riches d'abſtinence,
Manquent de tout pour avoir l'abondance.
J'admire fort votre ſtile flateur,
Et votre proſe, encor qu'un peu traînante ;
Mais, mon ami, je conſens de grand cœur
D'être feſſé dans vos murs de Salente,
Si je vais là pour chercher mon bonheur.
Et vous, jardin de ce premier bon homme,
Jardin fameux par Eve & par ſa pomme :

C'eſt bien en vain que triſtement ſéduits,
Huet, Calmet, dans leur ſavante audace,
Du Paradis ont recherché la place;
Le Paradis terreſtre eſt où je ſuis.

# LETTRE

*De Mr. de Genonville à Mr. le Comte de P**.*

VOus, qu'Amour n'embraſa jamais
Que d'une ardeur folle & légére,
Qui de ſa faveur paſſagére
Vous fit trop payer les attraits,
* Au Pays de la Sinagogue
Vous avez bien changé de ton;
Vous parlez comme Céladon,
Et votre lettre eſt une Eclogue,
Digne des rives du Lignon.
Déja ce nouveau zéle éclate;
† As-tu cru que le déſeſpoir
Me fit échaper à l'ingrate?
Eh! n'eſt-ce rien que de la voir?

* La perſonne à qui cette Lettre eſt écrite étoit alors à Metz.

† Pour entendre cela, il faut ſuppoſer que Mr. le Comte de P**. avoit prêché la conſtance à ſon ami.

Quoi de mon printems qui commence,
Perdrois-je ainsi le plus beau jour
A gémir des maux de l'absence,
A soupirer pour le retour?
Laisse-moi, sagesse sévére,
Loin de moi porter la lumiére
Qu'épand ton lugubre flambeau.
Pour mieux nous cacher nos disgraces,
Le Dieu, dont j'ai suivi les traces,
A nos yeux prête son bandeau.
Qu'il régle encor mes destinées,
Qu'il m'inspire encor mes chansons,
Pour mes derniéres années
Vous aurez d'utiles leçons.
Ovide banni d'Italie,
Par le Maître de l'univers;
Mais toûjours Amant de Julie,
Soupire ses plus tendres Vers:
Et sans qu'il arme son courage
Contre le sort & ses rigueurs,
Pour lui dans ce climat sauvage,
Amour, qu'il a chanté, fera naître des fleurs.
Arbitre de la délicatesse,
Maître habile en l'art du plaisir,
Pétrone au tiran qui le presse

Accordera-t'il un ſoupir?
Non, comme au ſein de la moleſſe,
Il ſemble goûter le repos.
Héros, que forma la ſageſſe,
Sûtes-vous mieux braver les maux?
Comme eux auprès d'une Maîtreſſe,
Brave le ſort moins irrité:
De cette coupe enchantereſſe
Goûte à longs traits la volupté;
Et tant que durera l'yvreſſe,
Laiſſe ignorer à ta jeuneſſe,
Si c'eſt erreur ou vérité.
Heureux! ſi la coquetterie,
Les ſoupçons, du repos enfans ſéditieux,
De cette chaîne qui vous lie
Ne viennent point rompre les nœuds.
Puiſſe à jamais la jalouſie
S'éloigner de vos tendres jeux!
Que ſa beauté toûjours fleurie
Faſſe le plaiſir de tes yeux,
Et ton amour le bonheur de ſa vie.

# ÉPIGRAMME

*De Mr. de Caux contre le Poëte Piron.*

QUand Timandre à Paris entonna la
trompette,
Des rimeurs tels que toi le foible essain
trembla ;
Dijon au bruit de sa musette,
D'applaudissemens le combla,
Et Beaune en fut si satisfaite,
Qu'elle vint en ses mains remettre une
houlette,
Faite du bois qui t'étrilla.

---

*Réponse de Piron.*

FOin de votre trompette & de mon fla-
geolet,
Je donnerois pour rien mon payement & le
vôtre.
J'eus des coups de bâton , vous des coups
de sifflet:
Le premier aux rimeurs fait plus d'honneur
que l'autre.

# ÉPÎTRE
## A MADAME DE ***.

TU veux donc, belle Uranie,
Qu'érigé, par ton ordre, en Lucréce nouveau,
Devant toi d'une main hardie,
A la Réligion j'arrache le bandeau,
Que j'expoſe à tes yeux le dangereux tableau
Des menſonges ſacrés, dont la terre eſt remplie,
Et que ma Philoſophie
T'apprenne à mépriſer les horreurs du tombeau,
Et les terreurs de l'autre vie.
Ne crois point qu'enyvré des erreurs de mes ſens,
De ma Réligion blaſphémateur profane,
Je veüille avec dépit dans mes égaremens
Détruire en libertin la loi qui les condamne;
Examinateur ſcrupuleux,
Je prétends pénétrer d'un pas reſpectueux
Au plus profond du ſanctuaire

Du Dieu, mort ſur la Croix, que l'Europe révére ;
L'horreur d'une effroyable nuit
Semble cacher ſon Temple à mon œil téméraire ;
Mais la raiſon qui m'y conduit
Fait marcher devant moi ſon flambeau qui m'éclaire.
Les Prêtres de ce Temple, avec un ton ſévére
M'offrent d'abord un Dieu que je devrois haïr ;
Un Dieu qui nous forma pour être miſérables,
Qui nous donna des cœurs coupables
Pour avoir droit de nous punir,
Qui nous créa d'abord à lui-même ſemblables,
Afin de nous mieux avilir,
Et nous faire à jamais ſouffrir
Des tourmens plus épouvantables.
Sa main créoit à peine une ame à ſon image,
On l'en vit ſoudain repentir ;
Comme ſi l'ouvrier n'avoit pas dû ſentir
Les défauts de ſon propre ouvrage
Et ſagement les prévenir.

Bientôt ſa fureur meurtriére
Du monde épouvanté frapant les fondemens,
Dans un déluge d'eau détruit en même-tems
Les ſacriléges habitans
Qui rempliſſoient la terre entiére
De leurs honteux déréglemens.
Sans doute on le verra par d'heureux changemens
Sous un Ciel épuré redonner la lumiére
A des nouveaux humains, à des cœurs innocens,
De ſa lente ſageſſe éternels monumens.
Non, il tire de la pouſſiére
Un nouveau peuple de Titans;
Une race livrée à ſes emportemens,
Plus coupable que la premiére:
Que fera-t'il? Quels foudres éclatans
Vont ſur ces malheureux lancer ſes mains ſévéres!
Va t'il dans le cahos plonger les élémens?
Ecoutez, ô prodige! ô tendreſſe! ô miſtére!
Il venoit de néyer le pere,
Il va mourir pour les enfans.
Il eſt un peuple obſcur, imbécile, volage,

Amateur insensé des superstitions,
Vaincu par ses voisins rampant dans l'esclavage
Et l'éternel mépris des autres Nations:
Le Fils de Dieu, Dieu même oubliant sa puissance,
Se fait concitoyen de ce peuple odieux;
Dans les flancs d'une Juive il vient prendre naissance,
Il rampe sous sa mere, il souffre sous ses yeux
Les infirmités de l'enfance.
Long-tems vil ouvrier, un rabot à la main,
Ses beaux jours sont perdus dans ce lâche exercice;
Il prêche enfin trois ans le Peuple Iduméen,
Et périt du dernier supplice.
Son sang du moins ce sang d'un Dieu mourant pour nous,
N'étoit-t'il pas d'un prix assez noble, assez rare,
Pour suffire à parer les coups
Que l'enfer jaloux nous prépare?
Quoi! Dieu voulut mourir pour le salut de tous,
Et son trépas est inutile!

Quoi ! l'on me vantera ſa clémence facile !
Quand remontant au Ciel, il reprend ſon courroux,
Quand ſa main nous replonge aux éternels abîmes,
Et que par ſes fureurs effaçant ſes bienfaits,
Ayant verſé ſon ſang pour expier nos crimes,
Il nouſs punit de ceux que nous n'avons pas faits.
Ce Dieu pourſuit encore, aveugle en ſa colére,
Sur les derniers enfans l'erreur du premier Pere,
Il redemande compte à cent peuples divers
Aſſis dans la nuit du menſonge
De ces obſcurités, où lui-même il les plonge,
Lui qui vient, nous dit-on, éclairer l'univers.
Amérique, vaſtes contrées,
Peuples que Dieu fit naître aux portes du ſoleil,
Vous, Nations hiperborées,
Vous, que l'erreur nourrit dans un profond ſommeil,
Vous ſerez donc un jour à ſa fureur livrées,
Pour n'avoir pas sû qu'autrefois,

Dans un autre Hemiſphére, aux plaines
Idumées,
LeFils d'unCharpentier expira ſous laCroix.
Non, je ne connois point à cette indigne
image
Le Dieu que je dois adorer;
Je croirois le deshonorer
Par un ſi criminel hommage.
Entends, Dieu que j'implore, entends du
haut des Cieux
Ma voix pitoyable & ſincére,
Mon incrédulité ne doit point te déplaire;
Mon cœur eſt ouvert à tes yeux;
On te fait un tiran, en toi je cherche un Pere;
Je ne ſuis point Chrétien, mais c'eſt pour
t'aimer mieux.
Ciel! ô Ciel! quel objet vient s'offrir à ma
vûë!
Je reconnois le Chriſt puiſſant & glorieux;
Auprès de lui dans une nuë
Sa Croix ſe préſente à mes yeux.
Sous ſes pieds triomphans la mort eſt abatuë;
Des portes de l'enfer il ſort victorieux,
Son regne eſt annoncé par la voix des ora-
cles,

Son Trône eſt cimenté par le ſang des Martirs ;
Tous les pas de ſes Saints ſont autant de miracles ;
Il leur promet des biens plus grands que leurs déſirs ;
Ses exemples ſont ſaints, ſa morale eſt divine ;
Il conſole en ſecret les cœurs qu'il illumine,
Dans les plus grands malheurs il nous offre un appui ;
Et ſi ſur l'impoſture il fonde ſa doctrine,
C'eſt un bonheur encor d'être trompé par lui.
Entre ces deux portraits, incertaine Uranie,
C'eſt à toi de chercher l'obſcure vérité,
A toi que la nature honora d'un génie,
Qui ſeul égale ta beauté.
Songe que du Très-Haut la ſageſſe immortelle
A gravé de ſa main dans le fond de ton cœur
La Réligion naturelle ;
Crois que ta bonne foi, ta bonté, ta douceur
Ne ſont point les objets de la haine éternelle ;
Crois que devant ſon trône en tout tems, en tous lieux

Le cœur du juſte eſt prétieux ;
Crois qu'ùn Bronze modeſte, un Dervis charitable
Trouvent plûtôt grace à ſes yeux,
Qu'un Janſeniſte impitoyable,
Ou qu'un Jéſuite ambitieux.
Et qu'importe, en effet, ſous quel titre on l'implore ?
Tout homme le reçoit, mais aucun ne l'honore.
Ce Dieu n'a pas beſoin de nos vœux aſſidus ;
Si on peut l'offenſer, c'eſt par des injuſtices :
Il nous juge ſur nos vertus,
Et non pas ſur nos ſacrifices.

# DIALOGUE

*Entre les Peres le Tellier, la Ruë & la Ferté, Jésuites.*

DImanche au ſortir de la Meſſe,
Le Grand-Inquiſiteur de la Maiſon Profeſſe
Voyant la Ruë & la Ferté,
Court vers eux, & tout tranſporté,
Ridant le front, allongeant le viſage,
Leur tint à peu près ce langage :
Mes Peres, certain bruit ſe répand dans Paris,
Qu'en plus d'un lieu vos Révérences
De nos trois bons amis traitent les ordonnances
Avec un ſouverain mépris.
Ces Prélats, il eſt vrai, ne ſont pas grands eſprits ;
Mais il ſuffit qu'ils ayent pris,
Par une aveugle obéïſſance,
Notre juſte parti contre Son Eminence :
Toutefois hardiment vous prenez ſa défenſe
Contre notre Société.

N'abuſez pas de ma bonté,
Ne pouſſez pas ma patience
A la derniére extrêmité,
Rien ne s'oppoſe à ma puiſſance.
Dans le poſte où je ſuis, je peux ce que je veux,
Et pourrois bien .... vous m'entendez tous deux.
Mon Pere, que votre naiſſance,
Dit le Tellier à la Ferté,
Vos talens & votre éloquence
N'enflent point votre Révérence:
J'eſtime peu la qualité,
Mais j'eſtime l'obéïſſance.
Croyez-moi, gardez le ſilence
Sur Gap, la Rochelle & Luçon,
Et mettez à profit cette utile leçon.
A notre crédit rien n'échape;
Vous ſavez comme on a traité
A Macao le Député
De notre ſaint Pere le Pape.
C'eſt un coup éclatant, dont le ſeul ſouvenir
Fera trembler tout l'avenir:
Toute la terre en fait l'hiſtoire.

Ainſi, ſi vous voulez m'en croire,
Changez de langage & de ton:
Que le Cardinal de Tournon
Soit pour vous un exemple à craindre.
Je vous trouverois fort à plaindre,
Si vous oſiez, pour plaire au Prélat de Paris,
Eprouver ce que peut un corps comme le nôtre :
Ne mettez pas à ſi haut prix
L'inutile faveur de ce nouvel Apôtre;
Vous pourriez vous y trouver pris.
Et vous, du célébre Virgile,
S'adreſſant à la Ruë, obſcur commentateur,
Qui vous croyez de l'Evangile
Le plus ſavant Prédicateur,
Rabattez votre vaine gloire.
Oüi, notre Maître Chamillard
Mille fois plus que vous a de fineſſe & d'art,
D'agrément, d'eſprit, de mémoire.
Dans Orleans, le Carême paſſé,
Il a, m'a-t'on dit, terraſſé
Tous les Prêcheurs de l'Oratoire,
Et fait ſur leurs débris élever Molina;

Mais laiſſons cette affaire là,
Et revenons à vous. Par quelle hardieſſe
Dans vos Sermons parlerez-vous ſans ceſſe
Du pouvoir de Dieu ſur les cœurs?
Il me ſouvient qu'à ſaint Euſtache
Vous preniez tous les jours à tâche
De prouver à vos auditeurs,
Que l'homme eſt toûjours ſourd, quoiqu'on diſe & qu'on faſſe,
Si Dieu ne parle au cœur par la voix de la grace.
Oh! ſi pour lors, comme aujourd'hui,
J'euſſe occupé l'auguſte place,
Où la Chaiſe regnoit, j'aurois mieux fait que lui;
Je vous aurois appris à l'inſtant à vous taire,
Et fait du même jour interdire la chaire.
A ces mots emportés, le Tellier tout en feu
Voulut ſe repoſer un peu.
Mon Pere, répondit la Ruë,
Le monde aujourd'hui n'eſt plus gruë:
En vérité, de tels Prélats
Font peu d'honneur à notre cauſe;
Leur démérite nous expoſe

A mille fâcheux embaras.
On connoît de Chamfleur la profonde ignorance,
Du Prélat de Luçon la vaste insuffisance;
Pour notre Malissole, helas!
Le Public méprisant en fait si peu de cas,
Qu'il est tout étonné de le voir sur la Scéne:
Il étoit jusqu'ici demeuré si caché,
Que les plus curieux à peine
Savoient qu'il eût un Evêché.
C'est dans l'Eglise un Allobroge,
Qui ne sait ni grec, ni latin,
Et n'a pour tout François que sû mettre son seing
Au bas d'un écrit de Doucin.
Voilà de vos amis le magnifique éloge.
Au lieu que d'un digne Prélat,
Cause innocente du débat,
Le sage, le pieux Noailles
A pour lui, contre tous, la voix de ses oüailles.
Mais graces aux trois Prélats & leurs savans écrits
Sur le mistére de la grace,
Dont la profondeur les surpasse,

Nous ſommes l'objet du mépris
De la plus vile populace.
La Faculté d'Anopolis,
Où, pour preuve de leur ſcience,
Nos amis ont fait leur Licence,
De ces Ecrivains ſi polis
A turlupiné l'Ordonnance.
Venons à nos Sermons, c'eſt aſſez parler d'eux.
Oſerai-je, par complaiſance
Pour votre Révérence,
Prêcher ce dogme monſtrueux,
Que l'homme peut ſortir du vice
Par ſa liberté ſeule & ſa propre juſtice?
Que la grace qui nous rend Saints
N'eſt que l'ouvrage de nos mains?
Que l'homme toûjours foible, impuiſſant à bien faire,
S'éleve juſqu'au Ciel, guérit ſeul ſa miſére;
Qu'il prévient ſeul la grace & ſeul guide ſon cours;
Dreſſe ſes pas vers Dieu, ſans ſon divin ſecours;
En un mot, qu'il peut par lui-même
Arriver au bonheur ſuprême?

C'eſt un dogme que Paul a frapé d'anathême.
Dans cet Edifice ſacré
Que Dieu bâtit au Ciel de pierres immortelles,
Les pierres peuvent-elles
Se placer à leur gré?
Et n'eſt-ce pas l'ouvrier, dont la main toûjours ſainte
Les taille, les choiſit pour ſon divin Palais,
Les place comme il veut dans ſa ſuperbe enceinte,
Pour y demeurer à jamais?
Ce ſuprême artiſan, d'une main qui ſe jouë,
Fait cent vaſes divers pris d'une même bouë.
L'un ſur un trône aſſis, brillant de toutes parts,
Du ſpectateur ſurpris attire les regards:
L'autre pris de la même maſſe,
Avec honte paroît dans la plus vile place:
Nul n'oſe toutefois accuſer ſes deſſeins
Dans l'inégalité des œuvres de ſes mains.
Tous ſavent qu'il eſt Dieu, que ſon pouvoir auguſte,

Faiſant tout ce qu'il veut, ne fait rien que de juſte.
Voilà ce qu'avant moi le grand Paul a prêché,
Et que j'oſe aujourd'hui bégayer dans la chaire :
Heureux ! ſi j'en étois moi-même bien touché.
Si c'eſt là, mon Révérend Pere,
Un crime, une héréſie, un malheur, un péché,
Je ſuis criminel, Hérétique,
Malheureux, pécheur endurci....
A peine achevoit-il, que, comme un frénétique,
Le Tellier pouſſe en l'air un effroyable cri.
Quoi, dit-il, écumant de rage & de colére,
J'aurai de Port-Royal détruit le Monaſtére,
De l'Hérétique Arnaud foudroyé les écrits,
Fait condamner Queſnel par Gap & la Rochelle !
Malgré le béat de Paris,
Secondé de Luçon, plein d'ardeur, plein de zéle,
Aidé de Martineau, ſoutenu de Dervain,

Dont l'éloquence eſt reſpectable,
J'aurai découvert le venin,
Que depuis quarante ans ce livre abominable,
Sans qu'on l'ait apperçû, nourriſſoit dans ſon ſein!
Et qui ſauroit, ſans moi, que le pur Janſeniſme,
Pire cent fois que l'Athéïſme,
Dans ces réfléxions, dont maint ſot eſt touché,
Sous des dehors pieux, en cent lieux eſt caché!
Sans cette heureuſe découverte,
Les Chrétiens abuſés couroient tous à leur perte:
Tant il eſt vrai, que Dieu découvre aux ignorans
Des miſtéres qu'il cache aux yeux des plus ſavans.
Après ce que j'ai dit, peut-on avoir l'audace
De venir prêcher que la grace
Eſt néceſſaire, invincible, efficace?
Que Dieu, quand il lui plaît, peut d'un cœur revolté,

Par ſon ſouffle divin changer la volonté?
Qu'ayant terraſſé Paul, quand il veut il terraſſe
Le vain orguëil du cœur humain?
Qu'il tient tous nos cœurs en ſa main;
Qu'il en eſt le ſouverain Maître;
Qu'il nous choiſit avant de naître;
Que par un pur effort de ſa tendre amitié,
De l'un il a pitié,
Tandis que par juſtice il abandonne l'autre?
Je ſai bien que certain Apôtre
En ſon tems tenoit tels diſcours:
Mais dans un tems comme le nôtre,
Il pourroit à Quimper aller finir ſes jours,
S'il tenoit ce même langage,
Oüi, j'en jure par Loïola.
Jugez après cela
A quoi ce grand ſerment m'engage.
Il en auroit dit davantage,
Si le bon Pere la Ferté
N'eut, d'un air doux, modeſte & ſage,
Interrompu cet emporté.
Pardonnez-moi ma liberté,
Dit-il au fougueux perſonnage:

Souvent en voulant fuir les dogmes de
Calvin,
On tombe dans ceux de Pélage.
Pour ne point s'égarer, ſuivons ſaint Au-
guſtin.
Saint Auguſtin! reprit le Tellier en furie,
Bon Dieu, mêlez-vous, je vous prie,
D'aller apprendre vos Sermons.
Vous avez oublié, je penſe,
Comment, en foudroyant le teſtament de
Mons,
Paul, Auguſtin, Proſper, Fulgence,
Et tous ces autres vains Auteurs,
Que de Janſenius la malheureuſe engeance
Qualifioit Docteurs,
L'appui de ces vieilles erreurs,
Ont été dégradés comme des ſéducteurs.
Allez prêcher aux harangueurs
La foible autorité des Peres:
Ce n'en eſt pas une pour moi,
Ils ne ſont pas la régle de ma Foi;
Ils ont été ce que nous ſommes,
Ils ont pû ſe tromper comme les autres
hommes,
Et ſont trompés fort ſouvent:

Autant en emporte le vent.
A cet effroyable langage,
Plein d'horreur & d'impiété,
He, quoi, repliqua la Ferté,
N'est-ce pas eux qui d'âge en âge
Ont porté jusqu'à nous, sans ombre & sans nuage,
Le grand jour de la vérité?
Pour démasquer la fausseté
De l'hérésie encor naissante,
Les Peres, assemblés à Trente,
De Paul & d'Augustin n'ont-ils point emprunté
L'inébranlable autorité?
Ont-ils dit que la liberté
Etoit maîtresse de la grace,
Qu'elle la rendoit à son gré
Tantôt insuffisante & tantôt efficace?
Ils ont dit ce qu'ils ont voulu,
Interrompit Tellier, d'un ton fier, résolu;
De leur autorité c'est en vain qu'on se pare:
Je soutiens moi que l'efficacité
Dépend de notre volonté.
Ajoutez, s'il vous plaît, replique la Ferté,

Que c'eſt Dieu qui nous la prépare,
Et que ſans lui la volonté s'égare,
Se porte au mal, loin de courir au bien,
Sans la grace l'homme n'eſt rien;
Ce n'eſt qu'un aveugle ſans guide,
Un cheval ſans mords & ſans bride,
Un vaiſſeau ſans pilote à la merci des vents,
Tous ces efforts ſans lui ſont impuiſſans.
Une ame abandonnée à ſa propre foibleſſe,
Chancelle, s'égare, ſe bleſſe,
Et fait autant de chutes que de pas;
A tout moment le pied lui gliſſe
Et tombe dans le précipice.
C'eſt ce qu'en cent endroits enſeigne ſaint Thomas.
Ma foi, dit le Tellier, en voici bien d'un autre:
Vous croyez donc que je fais plus de cas
D'un Jacobin que d'un Apôtre?
Ah! la plaiſante autorité.
Plaiſante, reprit la Ferté;
Le ſage fondateur de la Société
N'avoit pas l'humeur ſi chagrine;
Lui qui par un décret, par nous peu reſpecté,

Veut que nos Professeurs enseignent sa doctrine.
Mais sans nous écarter dans ces digressions,
Que répondre aux expressions,
Dont se sert le divin Apôtre?
Lorsqu'il a dit pour montrer aux Romains
Que c'est Dieu seul qui tient notre cœur en ses mains,
Qu'il prend l'un & qu'il laisse l'autre.
Qui pourra se plaindre de Dieu?
Ajoute-t'il au même lieu,
Si pour faire voir sa puissance
Et sa juste indignation,
Il supporte avec patience
Des vases préparés pour la perdition.
Eh, pourquoi? Pour faire paroître
Les trésors de sa grace en ceux qu'il a choisi
Long-tems même avant que de naître,
Pour regner sur le trône où lui-même est assis.
A cette terrible parole,
Que répondront Chamfleur, Lescure & Malissole,

Et ſi vous voulez auſſi,
Fleuriau, Bargedes, Chaulnes, Madet, Biſſi
Et les ſoixante bonnes têtes,
Si l'on en croit Bouchart, au moindre coup d'œil prêtes,
A foudroyer Queſnel & ſes Approbateurs,
Deux cens Prélats & cinq Docteurs?
Encore un mot, quand Paul, dans l'Egliſe naiſſante,
Porta la guerre & la terreur,
Les compagnons de ſa fureur
Sentoient-ils au fond de leur cœur
L'heureuſe impreſſion de cette voix puiſſante,
Qui n'appellant que lui, fit d'un perſécuteur
Un vaſe plein de graces, un Apôtre, un Paſteur?
Et dans l'égarement funeſte,
Ne retirant que Paul, y laiſſa tout le reſte.
De ſes jugemens ſouverains
Faut-il que Dieu nous rende compte?
Rougiſſons vous & moi de honte
D'être ſi foibles & ſi vains.

A parler franchement, c'eſt toute l'héréſie
Que nous avons l'art d'y trouver;
Mais il s'agit de la prouver,
Et le Public nous en défie.
La ſeule choſe en quoi Queſnel
Sans contredit eſt criminel,
C'eſt de n'avoir pas dit que quelqu'un de nos Peres
Fut l'Auteur de ſes Commentaires.
Nous aurions tous en proſe, en vers
D'un livre aujourd'hui ſi pervers
Fait un éloge magnifique.
Il ne ſeroit plus tel qu'il eſt,
L'ouvrage ſeroit canonique;
Car nous ſavons, quand il nous plaît,
Changer un Saint en Hérétique,
Et notre adroite Politique
Sait à la vérité préférer l'intérêt.
Eh! quoi Queſnel aura pour lui la voix publique,
Pour lui ſeul chez Pralard on courra tous les jours,
Tandis que chez Joſſe, Bouhours
Depuis plus de vingt ans gardera la boutique,

Au

Au fond d'un magazin plus trifte & plus
reclus
Que Virginie & Regulus?
Ne fouffrons point un tel outrage,
Si l'Auteur nous échape, écrafons fon ouvrage;
Mais n'allons pas étourdiment
Oppofer à Quefnel ce nouveau Teftament,
Dont on voit déja dans les ruës
Cinq ou fix feüilles répanduës.
Intriguons-nous beaucoup, mais auffi parlons peu,
Et fur-tout gardons-nous d'écrire.
On voit que le Public par notre propre aveu
Ne s'empreffe guéres à nous lire.
Une Lettre de Philipeaux
Vaut cent fois mieux que nos ouvrages,
Dont les fouris rongent les pages,
Comme du Teftament de Meaux,
Dont le ftile ennuyeux rebute.
Les lettres de cachet abrégent la difpute.
Envoyons-les à Quimpercorantin,
Commenter leur faint Auguftin;
Ou pour mieux pratiquer la nouvelle méthode,

Dont on vient d'inventer la mode,
Au lieu d'écouter leurs raiſons,
Dont la force entre nous ſouvent nous incommode,
Faites abattre leurs maiſons;
Car naiſſant tous le caſque en tête,
Il nous ſeroit honteux que pour toute conquête,
Nous n'euſſions fait raſer qu'un miſérable lieu,
Qui tout au plus n'étoit ſoutenu que deDieu.
Noailles ne vous aime guéres,
Il eſt de Port-Royal le ſecret Protecteur,
Et quoiqu'il en faſſe un miſtére,
Janſeniſte au fond du cœur.
Le bon coup! ſi nous pouvions faire
De ſon Palais Archiépiſcopal
Ce qu'on a fait de Port-Royal.
Il eſt vrai, le deſſein eſt un peu téméraire;
Mais eſt-ce le premier que la Société
Auroit heureuſement tenté?
Dût-elle ſervir de victime
Au Parlement entier, contre nous tout porté:
Jouvenci fera voir à la poſtérité,

Que ſouvent ce n'eſt pas un crime
Qu'une heureuſe témérité.
A ce diſcours railleur le Pere le Tellier
Etoit ſur la Ferté tout prêt à s'élancer,
Quand le Portier vint annoncer,
Qu'une Cohuë Epiſcopale
Attend depuis un fort long-tems
Le Révérend dans la grand'ſale,
Pour corriger cinq ou ſix Mandemens
Que ces Meſſeigneurs ont fait faire
Par le plus docte Sécrétaire
Du Charnier des ſaints Innocens.
A cette agréable nouvelle,
Le Tellier reprend tous ſes ſens,
Et quoiqu'encor en feu, met fin à la querelle,
S'ajuſte, ſe compoſe, part,
Avec l'air & la bonne grace
D'un Régent qui ſort de la Claſſe,
Et lance aux deux reſtans un ſiniſtre regard,
Dont le couple aguerri mépriſe la menace :
Puis ſe radouciſſant, dit d'un ton goguenard,
Je pars vendredi pour Verſailles,
C'eſt là que l'on décidera
Sur un tel fait qui cédera
Ou de Tellier, ou de Noailles.

FIN.

www.ingramcontent.com/pod-product-compliance
Ingram Content Group UK Ltd.
Pitfield, Milton Keynes, MK11 3LW, UK
UKHW022105260726
13993UKWH00001B/332

9 782329 290065